Convertei-vos e crede no Evangelho

Coleção Arte e Mensagem
- *Com Maria, a mãe de Jesus* – Dom Murilo S. R. Krieger
- *Convertei-vos e crede no Evangelho* – Valter Maurício Goedert
- *Deus: Pai, Filho e Espírito Santo* – Frei Luiz Carlos Susin
- *Diálogo com a Trindade* – Ir. Gertrude Marques
- *Ele está no meio de nós*: meditações pascais – Valter Maurício Goedert
- *Maria, símbolo do cuidado de Deus*: aparição de Nossa Senhora em Caravaggio – Leomar Antônio Brustolin
- *Nasceu o Salvador*: espiritualidade natalina – Valter Maurício Goedert
- *Natal brasileiro* – Rômulo Cândido Souza e Cláudio Pastro
- *Santa Teresa do Menino Jesus* – Carmelo de Lisieux, Carmelitas São José
- *Verso e reverso* – Maria Dinorah Luz do Prado e Beto Prado

Valter Maurício Goedert

Convertei-vos e crede no Evangelho

Meditações para o tempo da Quaresma e Tríduo Pascal

Dados Internacionais de Catalogação na Publicação (CIP)
(Câmara Brasileira do Livro, SP, Brasil)

Goedert, Valter Maurício
 Convertei-vos e crede no Evangelho : meditações para o tempo da Quaresma e Tríduo Pascal / Valter Maurício Goedert. – São Paulo : Paulinas, 2006. – (Coleção arte e mensagem)

 ISBN 85-356-1849-X

 1. Ano litúrgico – Meditações 2. Páscoa – Meditações 3. Quaresma – Meditações I. Título. II. Série.

06-6767   CDD-242.3

Índices para catálogo sistemático:
1. Ano litúrgico : Meditações : Cristianismo   242.3
2. Quaresma : Meditações : Cristianismo   242.3

Direção-geral: *Flávia Reginatto*
Editora responsável: *Vera Ivanise Bombonatto*
Copidesque: *Cirano Dias Pelin*
Coordenação de revisão: *Andréia Schweitzer*
Revisão: *Leonilda Menossi e Márcia Nunes*
Direção de arte: *Irma Cipriani*
Gerente de produção: *Felício Calegaro Neto*
Produção de arte: *Telma Custódio*

Nenhuma parte desta obra poderá ser reproduzida ou transmitida por qualquer forma e/ou quaisquer meios (eletrônico ou mecânico, incluindo fotocópia e gravação) ou arquivada em qualquer sistema ou banco de dados sem permissão escrita da Editora. Direitos reservados.

Paulinas
Rua Pedro de Toledo, 164
04039-000 – São Paulo – SP (Brasil)
Tel.: (11) 2125-3549 – Fax: (11) 2125-3548
http://www.paulinas.org.br – editora@paulinas.com.br
Telemarketing e SAC: 0800-7010081
© Pia Sociedade Filhas de São Paulo – São Paulo, 2006

Introdução

Para muitos cristãos, o tempo da Quaresma perdeu a mística da conversão e do aprofundamento espiritual. A sociedade moderna passa ao largo dessas reflexões teológicas e nivela os acontecimentos a partir de outros fatores que não os religiosos. Embora a cultura pós-moderna proclame a falência de ritos e mitos, o ser humano atual se mostra carente de valores que lhe dêem segurança e um horizonte mais amplo que os apregoados pelo consumismo desenfreado e pela luxúria como fator de felicidade ao alcance de todos, em todas as ocasiões. Falta até mesmo, em muitos cristãos, a paixão por Cristo e pelo ideal da santidade, tão sabiamente sintetizado por Paulo: "Que Cristo seja formado em vós" (cf. Gl 4,19).

Precisamos recuperar os valores espirituais da Quaresma como verdadeiro itinerário pedagógico de santidade e do discipulado de Cristo. A liturgia deste tempo é particularmente rica por oferecer os principais elementos da espiritualidade cristã e pode servir como conteúdo para a meditação diária a todos aqueles que buscam um compromisso mais sério com Deus, consigo mesmos e com o próximo.

Retomando a história do povo de Israel e com ele *re*-aprendendo o que significa fidelidade para com Deus, o cristão é convidado a realizar verdadeira experiência do que significa ser cristão. As leituras bíblicas e os ensinamentos dos Padres da Igreja vão nos ajudar a perceber o caminho de Deus nos caminhos da nossa vida. O convite à conversão não constitui um retorno enfadonho a práticas medievais; pelo contrário: nada existe de mais importante do que recomeçar o processo de conversão, uma vez que a santidade não é conquista nossa, mas dom de Deus.

Tenhamos diante de nós os grandes temas da Quaresma: oração, jejum, esmola, misericórdia, conversão, reconciliação e amor fraterno. A oração é a luz do espírito; por seu intermédio chega até nós o verdadeiro conhecimento de Deus e de sua vontade sobre nós. Pela oração nós nos elevamos até o céu e descemos ao mais profundo da realidade humana para experimentar Deus-amor no amor dos irmãos. Que poderia Deus negar à oração, se ele nos mandou pedir, bater à porta, procurar (cf. Mt 7,7-8)?

As obras de misericórdia, de acordo com a capacidade de cada um, podem aliviar o sofrimento de tantos irmãos nossos. O Senhor prefere a misericórdia ao sacrifício (cf. Os 6,6). A circuncisão do coração liberta o espírito para acolher Deus, para aceitar o irmão. A Palavra de Deus é cortante como espada de dois gumes (cf. Hb 4,12). Além do jejum material, Deus nos convida ao jejum do coração, dos sentimentos. Devemos fugir de tudo o que nos impede do amor e da verdade.

Quaresma é tempo de reflexão, conversão, purificação interior e retomada do caminho que nos conduz a Deus e, por conseguinte, aos irmãos. Tempo de refletir sobre os valores fundamentais do Evangelho e colocá-los em prática, repartindo os bens materiais e espirituais.

Convido você, amigo leitor, a fazermos juntos esta experiência, iluminados pela fé, fortalecidos pela esperança e consumados no amor. E, como o salmista, aclamar:

> A lei do Senhor é perfeita, conforto para a alma; o testemunho do Senhor é verdadeiro, torna sábios os pequenos. As ordens do Senhor são justas, alegram o coração; os mandamentos do Senhor são retos, iluminam os olhos. O temor do Senhor é puro, dura para sempre. Os juízos do Senhor são fiéis e justos, mais preciosos do que o ouro, que muito ouro fino, mais doces que o mel e que o licor de um favo (cf. Sl 19,8-11).

Início da Quaresma

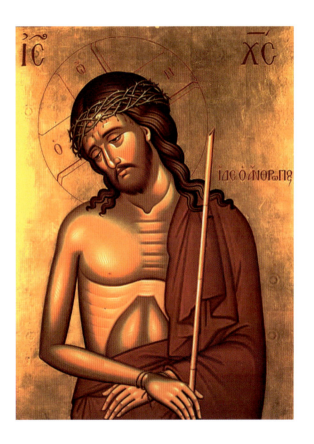

*Sejam meus seguidores e aprendam comigo,
porque sou bondoso e tenho um coração humilde;
e vocês encontrarão descanso.*
(Mt 11,29)

Convertei-vos e crede no Evangelho
(Mc 1,15)

Quarta-feira de Cinzas

Desde os tempos mais antigos, as cinzas foram símbolo de purificação, de humildade, de conversão interior e exterior, e de arrependimento pelos pecados cometidos. Em muitas regiões, era tido como elemento *numinoso*, isto é, carregado de forças extraordinárias provindas dos seres humanos e dos animais sacrificados aos deuses. As cinzas também significam a transitoriedade e a fragilidade da vida humana sobre a terra e, ainda, o sentido passageiro da realidade material.

No Antigo Testamento, elas lembram a purificação legal, caso alguma pessoa tivesse tocado em algo considerado impuro (cf. Nm 19,16). A fim de castigar o povo rebelde, Iahweh envia chuva com pó de cinzas (cf. Dt 28,24). A pessoa disposta a fazer penitência dos seus pecados, devidamente arrependida, se deita sobre as cinzas e se veste de saco (cf. Dn 9,3). O profeta Isaías insiste, em sua pregação penitencial, que não basta uma atitude externa de penitência, mas é necessário um arrependimento interior, sincero, que se expresse através das atitudes externas (cf. Is 58,5ss). As cinzas tornam-se, portanto, símbolo da transitoriedade da vida sobre a terra (cf. Jó 30,19). Em outras ocasiões, são usadas como símbolo de luto e lamentação (cf. Sl 102,10). Iahweh, porém, em sua bondade colocará sobre a cabeça do pecador arrependido um diadema em lugar de cinzas, como sinal de que a penitência foi aceita.

No Novo Testamento, Jesus e os apóstolos seguem, em geral, as normas da antiga Aliança e atribuem às cinzas os mesmos simbolismos. A grande e definitiva novidade é que o sangue de Jesus derramado por nossos pecados substitui, em definitivo e de modo absolutamente inigualável, todo e qualquer símbolo humano de purificação (cf. Hb 10). Na liturgia da Igreja, as cinzas lembram a fragilidade humana, o desejo de conversão e o arrependimento dos pecados.

Nos primeiros séculos, na segunda-feira, após o primeiro domingo da Quaresma, as cinzas eram colocadas sobre a cabeça dos pecadores públicos, aqueles que tinham cometido pecados notórios (homicídio, apostasia e adultério). Eles eram excluídos da participação litúrgica da comunidade por um tempo determinado, de acordo com a gravidade dos pecados. Em seguida, essa cerimônia da imposição de cinzas foi antecipada para a quarta-feira que antecede o primeiro domingo da Quaresma, como realizamos até os nossos dias.

Quando, no século VI, a prática penitencial aboliu as confissões públicas e a respectiva exclusão da comunidade, a prática de se impor cinzas continuou para todos os fiéis, agora com o sentido de penitência, arrependimento dos pecados e desejo de conversão. Com a quarta-feira de cinzas se inicia, de fato, o tempo da Quaresma, tempo dedicado à penitência e à mudança de vida. Por isso, desde o início dessa prática, foi considerado dia de jejum e de abstinência de carne. No século XI se introduz uma oração, por ocasião da imposição das cinzas. Atualmente, a liturgia oferece duas orações, à escolha do presidente da celebração: "Convertei-vos e crede no Evangelho" (Mc 1,15) ou: "Lembra-te de que és pó e ao pó hás de voltar" (Gn 3,19). A partir do século XII, benziam-se as palhas que, depois, eram reduzidas a cinzas. Hoje, as cinzas são feitas a partir dos ramos bentos por ocasião da procissão do Domingo dos Ramos do ano anterior.

A liturgia da Palavra oferece leituras de profunda compenetração. O profeta Joel nos convida à penitência e ao arrependimento:

> Voltai para mim com todo o vosso coração, com jejum, lágrimas e gemidos; rasgai o vosso coração, e não as vestes; e voltai para o Senhor, vosso Deus; ele é benigno e compassivo, paciente e cheio de misericórdia, inclinado a perdoar o castigo (cf. Jl 2,12-13).

Na segunda leitura, Paulo insiste na reconciliação com Deus e em não receber em vão sua graça, uma vez que este é o momento favorável e o dia da salvação (cf. 2Cor 6,2). O evangelho de Mateus convida à sobriedade e à discrição, evitando atitudes de ostentação: "O teu Pai, que vê o que está oculto, te dará a recompensa" (cf. Mt 6,4).

Com a quarta-feira de cinzas, abre-se para os cristãos o caminho de austeridade e reconciliação com Deus e os irmãos, sem, contudo, deixar de viver a virtude da esperança. Ao mesmo tempo em que convida à penitência e à oração, faz-nos descobrir o poder da graça divina na pregação e nas atitudes de Jesus, nosso Salvador.

Rezando com a Igreja

Laudes – Quarta-feira de Cinzas

Demos graças a Deus Pai, que nos concede o dom de iniciar hoje o tempo da Quaresma. Supliquemos que, durante estes dias de salvação, ele purifique e confirme nossos corações na caridade, pela vinda e ação do Espírito Santo. Digamos, pois, cheios de confiança:

Dai-nos, Senhor, o vosso Espírito Santo!

Ensinai-nos a saciar nosso espírito com toda palavra que brota de nossos lábios. Fazei que pratiquemos a caridade não apenas nas grandes ocasiões, mas principalmente no dia-a-dia. Rezemos.

Concedei que saibamos renunciar ao supérfluo, para podermos socorrer nossos irmãos necessitados. Dai-nos trazer sempre em nosso corpo os sinais da Paixão de vosso Filho, vós que nos destes a vida em seu corpo. Rezemos.

Pai nosso...

Concedei-nos, ó Deus todo-poderoso, iniciar com este dia de jejum o tempo da Quaresma, para que a penitência nos fortaleça no combate contra o espírito do mal. Por nosso Senhor Jesus Cristo, vosso Filho, na unidade do Espírito Santo. Amém!

Hoje eu te proponho bênção e maldição
(Dt 11,16)

Quinta-feira depois das Cinzas

A liturgia deste dia retoma o convite insistente à conversão e à vivência diferente e nova da mensagem divina e do seguimento de Cristo.

> Eis que eu ponho diante de vós bênção e maldição: a bênção, se obedecerdes aos mandamentos do Senhor vosso Deus, que hoje vos prescrevo; a maldição, se desobedecerdes aos mandamentos do Senhor vosso Deus e vos afastardes do caminho que hoje vos prescrevo, para seguirdes outros deuses, que não conheceis (cf. Dt 11,26-28).

A salvação é fruto da obediência ao Senhor Deus. A missão do cristão está relacionada com o anúncio da salvação a todos os povos, a fim de que todos cheguem ao acolhimento da fé (cf. Rm 16,26). Pela fé, compreendemos as maravilhas da salvação, principalmente mediante o testemunho dos patriarcas e dos profetas (cf. Hb 11,1ss).

A obediência da fé exige o abandono da idolatria; só Iahweh é Deus, não há outro. Quando ele vier, cada um vai renegar seus ídolos de prata e de ouro fabricados por mãos humanas (cf. Is 31,7). Ezequiel profetiza o fim da idolatria, porque o Senhor nos purificará de todas as obras impuras (cf. Ez 36,25). As imagens dos ídolos serão queimadas (cf. Mq 1,7). Para são Paulo, a vida segundo o espírito consiste no abandono absoluto dos ídolos (cf. 1Cor 12,2). É preciso voltar as costas aos ídolos (cf. 1Ts 1,9). O apóstolo João insiste: "Filhinhos, guardai-vos dos ídolos" (1Jo 5,21).

A conversão consiste na escolha da vida nova:

> Escolhe, pois, a vida, para que vivas, tu e teus descendentes, amando ao Senhor teu Deus, obedecendo à sua voz e apegando-te a ele, pois ele é tua vida

e prolonga os teus dias, a fim de que habites na terra que o Senhor jurou dar a teus pais, Abraão, Isaac e Jacó (cf. Dt 30,19-20).

Deus é a fonte de água viva; dele se sacia quem não se satisfaz com as águas poluídas e podres da idolatria. Nele estão as fontes da salvação (cf. Is 12,3), fonte aberta, a fim de que todos possam dela beber (cf. Zc 13,1), fonte que jorra para a vida eterna (cf. Jo 4,14). O Senhor nos guiará para as fontes de águas vivificantes; como verdadeiro pastor, conduzirá suas ovelhas com segurança e amor (cf. Ap 7,17).

O tempo da Quaresma fortalece o cristão no seguimento de Jesus. Convida-nos a um verdadeiro exercício espiritual. Não podemos servir a dois senhores (cf. Mt 6,24). "Se alguém me quer seguir, renuncie a si mesmo, tome sua cruz, cada dia, e siga-me. Pois quem quiser salvar a sua vida, vai perdê-la, e quem perder a sua vida por causa de mim, este a salvará" (cf. Lc 9,23-25). Quem não aceita a cruz recusa a mortificação, alimenta as paixões e deseja, a todo custo, garantir para si uma vida cômoda, caminha para a morte espiritual.

Nesse contexto, a conversão e a penitência deixam de ser atos meramente negativos e se transformam em atitudes positivas e redentoras. O papa Paulo VI, exortando como satisfazer hoje o preceito divino da penitência, afirma:

> Contra o real e sempre perigo de formalismo e de farisaísmo, na nova Aliança, como fez o divino Mestre, também os apóstolos, os padres, os sumos pontífices consideraram abertamente toda forma de penitência puramente exterior. A íntima relação que, na penitência, ocorre entre ato exterior e conversão interior, entre oração e obras de caridade, é largamente afirmada e desenvolvida nos textos litúrgicos e nos autores de todos os tempos (cf. *Constituição apostólica sobre a penitência*, n. 22).

Rezando com a Igreja

Laudes – Quinta-feira de Cinzas

Celebremos a bondade de Deus, que se revelou em Cristo Jesus; de todo coração supliquemos:

Lembrai-vos, Senhor, de vossos filhos e filhas!

Concedei-nos viver mais profundamente o mistério da Igreja; que ela seja para toda a humanidade o sacramento eficaz da salvação. Rezemos.

Deus, amigo do ser humano, ensinai-nos a trabalhar generosamente para o progresso da civilização e buscar em todas as coisas o vosso Reino. Rezemos.

Levai-nos a saciar nossa sede de justiça na fonte de água viva que nos destes em Cristo. Rezemos.

Perdoai, Senhor, todos os nossos pecados e dirigi nossos passos no caminho da justiça e da verdade. Rezemos.

Pai nosso...

Inspirai, ó Deus, as nossas ações e ajudai-nos a realizá-las, para que em vós comece e termine tudo aquilo que fizermos. Por nosso Senhor Jesus Cristo, vosso Filho, na unidade do Espírito Santo. Amém!

Acaso é este jejum que aprecio?
(Is 58,6)

Sexta-feira depois das Cinzas

A liturgia da sexta-feira depois das cinzas põe em relevo o verdadeiro sentido do jejum e da penitência. Assim como sentimos fome material, temos igualmente fome de amor, de justiça, de acolhimento: fome de Deus. Jesus é o pão descido do céu para nos alimentar. É ele o pão da vida que sacia todas as fomes e dessedenta todas as sedes (cf. Jo 6,31-35). Não bastam para os seres humanos os bens materiais. Queremos ser compreendidos, mesmo quando erramos.

O alimento espiritual falta com muita freqüência. O egoísmo faz com que as pessoas pensem apenas em si mesmas, como se vivessem sozinhas neste mundo. A busca insaciável de poder não respeita limites e passa, como rolo compressor, esmagando pessoas, destruindo laços de fraternidade e de mútuo respeito. O desejo insaciável de possuir e acumular riquezas não conhece limites e, em geral, reduz à miséria milhões de pessoas. O prazer seduz os corações e se impõe como verdadeiro ídolo.

A prática do verdadeiro jejum e da penitência que agrada ao Senhor são frutos da vida de oração e do seguimento sincero de Jesus. Se não forem acompanhados pelas obras de misericórdia e caridade, perdem seu valor. O verdadeiro jejum que agrada a Deus passa pela libertação de todos os egoísmos, nas suas diversas formas. O amor a Deus exige também a caridade para com o próximo (cf. Mt 25,31-46).

No Antigo Testamento, os que representavam a Deus viviam o jejum como uma atitude de oração; somente mais tarde, ele assume uma conotação ascética: expressão de arrependimento (cf. 1Sm 7,6; Ne 9,1s; Jr 14,12). No Novo Testamento, o jejum é pouco citado por causa das atitudes ritualistas e incoerentes dos fariseus. João Batista pregou e, antes de tudo, viveu o jejum, preparando, dessa forma, o caminho para o Senhor (cf. Mc 1,1-8).

A oração é o caminho que conduz a Deus. Eleva o coração para ele e é iluminada pela luz inefável da graça divina. Quando passamos por momentos de intensa atividade, ou pelas tribulações da vida, a oração nos mantém unidos a Deus. É preciso conservar sempre vivos o desejo e a lembrança de Deus.

A oração é a luz da alma; ultrapassa as palavras e nos une diretamente ao Senhor.

> Não existe outro caminho da oração cristã senão Cristo. Seja a nossa oração comunitária ou pessoal, vocal ou interior, ela só tem acesso ao Pai se oramos *em nome de Jesus*. A santa humanidade de Jesus é, portanto, o caminho pelo qual o Espírito Santo nos ensina a orar a Deus, nosso Pai (*Catecismo da Igreja Católica*, n. 2664).

Rezando com a Igreja

Salmo 139

Para onde irei? Para onde fugirei?
Se subo ao céu, lá estás,
me prostro no abismo, aí te encontro.
Para onde irei? Para onde fugirei?
Se estou no alto da montanha verdejante
ou nos confins do mar!

Tu me conheces, quando estou sentado.
Tu me conheces, quando estou de pé.
Vês claramente, quando estou andando,
quando repouso, tu também me vês.
Se pelas costas sinto que me abranges,
também de frente sei que me percebes.
Para ficar longe do teu Espírito,
o que farei, aonde irei, não sei.

Se eu disser que ao menos as trevas me escondam
e que não haja luz por onde eu passar.
Para ti a noite é clara como o dia,
nada se oculta ao teu divino olhar.
Tu me teceste no seio materno,
e definiste todo o meu viver.
As tuas obras são maravilhosas!
Que maravilha, meu Senhor, sou eu!

Dá-me tuas mãos, ó meu Senhor bendito!
Benditas sejam sempre as tuas mãos!
Prova-me, Deus, e vê meus pensamentos,
olha-me, Deus, e vê meu coração;
livra-me, Deus, de todo mau caminho.
Quero viver, quero sorrir, cantar.
Pelo caminho da eternidade,
Senhor, terei toda a felicidade.

Quando invocares, o Senhor te atenderá
(Is 58,9)

Sábado depois das Cinzas

Durante o tempo da Quaresma, a Igreja, continuando a missão de Jesus, chama os pecadores à penitência. Como ele, vai em busca de quem necessita de salvação. O pior dos pecados é exatamente o orgulho, a auto-suficiência, que torna o coração insensível aos apelos da graça. No sentido mais profundo, a penitência exige sempre mudança de vida: do pecado à graça, da mediocridade ao fervor e à santidade. Para realizar essa mudança interior, temos necessidade da graça. A penitência retoma o compromisso do batismo e busca vivê-lo no dia-a-dia. O cristão não se mortifica pelo prazer de renunciar, numa atitude masoquista, mas pela alegria de viver em Cristo e encontrar nele o sentido último da vida.

A fé em Cristo confere a certeza de que somos atendidos em nossas necessidades. No entanto, nossa fé está sujeita a inúmeros momentos de incertezas. Como uma chama ardente que ilumina nosso caminho, a fé enfrenta situações adversas enquanto percorremos o caminho da salvação: "Quem julga estar de pé tome cuidado para não cair" (cf. 1Cor 10,12). A fé constitui, simultaneamente, risco e promessa de plena felicidade.

Por outro lado, a verdadeira atitude de fé está intimamente relacionada à prática da virtude:

> Meus irmãos, que adianta alguém dizer que tem fé, quando não a põe em prática? A fé seria capaz de salvá-lo? Imaginai que um irmão ou uma irmã não tem o que vestir e que lhes falta a comida cada dia. Se então algum de vós disser a eles: Ide em paz, aquecei-vos e comei à vontade, sem lhes dar o necessário para o corpo, que adianta isso? Assim também a fé: se não se traduz em ações, por si só está morta (cf. Tg 2,14-17).

Por conseguinte, a prática das boas obras está intimamente ligada à conversão. O que temos em excesso falta ao pobre. O amor a Deus passa, necessariamente, pelo amor ao próximo. "Se acolheres de coração aberto o indigente e prestares todo o socorro ao necessitado, nascerá nas trevas a tua luz" (cf. Is 58,10).

É o Senhor quem sustenta nosso vigor. Assim como o profeta Elias, cansado e desiludido, buscando forças em Iahweh no monte Horeb (cf. 1Rs 19,4), sentimos que nos faltam as forças para prosseguir em nossa missão. Como lá, o anjo do Senhor nos acorda e nos convida a tomar alimento: "Levanta-te e come! Ainda tens um caminho longo a percorrer" (cf. 1Rs 19,7). É preciso acreditar na promessa do Senhor. Ele passará em nossa vida, trazendo-nos a certeza de que não estamos sozinhos e que nos dará forças para continuar nossa missão (cf. 1Rs 19,15).

O Senhor veio chamar os pecadores à conversão, a fim de que jamais possamos atribuir ao nosso mérito a gratuidade de nossa salvação. Como Mateus, é preciso que tenhamos o coração aberto ao convite de Jesus e o sigamos imediatamente (cf. Lc 5,28). Ele se fará presente no banquete da salvação; ou melhor: ele nos convidará para seu banquete, o banquete das núpcias do Cordeiro (cf. Ap 19,9). Enquanto esse dia da salvação não chegar, o Senhor estará à nossa porta e baterá: se ouvirmos sua voz e lhe abrirmos a porta, ele entrará e tomará refeição conosco (cf. Ap 3,20).

> Vamos participar da festa da Páscoa, por enquanto ainda em figuras, embora mais claramente do que na antiga lei (a Páscoa legal era, por assim dizer, uma figura muito velada da própria figura). Mas, em breve, participaremos de modo mais puro, quando o Verbo vier beber conosco o vinho novo, no Reino do seu Pai, revelando definitivamente o que até agora só em parte nos mostrou. A nossa Páscoa é sempre nova (GREGÓRIO NAZIANZENO. *Sermões*. Liturgia das Horas, v. II, p. 3.520).

Rezando com a Igreja

Laudes – Sábado das cinzas

Demos graças a Cristo, nosso Salvador, sempre e em toda parte, e supliquemos com toda a confiança:

Socorrei-nos, Senhor, com a vossa graça!

Ajudai-nos a conservar sem mancha os nossos corpos, para que sejam digna morada do Espírito Santo. Rezemos.

Despertai em nós, desde o amanhecer, o desejo de nos sacrificarmos pelos nossos irmãos e irmãs e cumprirmos a vossa vontade em todas as atividades deste dia. Rezemos.

Ensinai-nos a procurar o pão da vida eterna, que vós mesmo nos ofereceis. Rezemos.

Interceda por nós a vossa Mãe, refúgio dos pecadores, para alcançarmos o perdão dos nossos pecados. Rezemos.

Pai nosso...

Deus eterno e todo-poderoso, olhai com bondade a nossa fraqueza, e estendei-nos, para proteger-nos, a vossa mão poderosa. Por nosso Senhor Jesus Cristo, vosso Filho, na unidade do Espírito Santo. Amém!

Primeira semana da Quaresma

Vigiem e orem para que não sejam tentados.
É fácil querer resistir à tentação;
o difícil mesmo é conseguir.
(Mt 26,41)

Não se vive somente de pão, mas de toda palavra que sai da boca de Deus
(Mt 4,4)

Ano A – Primeiro domingo da Quaresma

A liturgia deste domingo põe em evidência a proposta de Iahweh sobre o destino do homem e lhe pede resposta. Deus propõe a felicidade já aqui na terra, submetendo-lhe toda a criação e, em plenitude, na vida futura (cf. Gn 1,28. 30). Preparou-lhe o jardim no Éden (cf. Gn 2,8). O ser humano deu nome aos animais, às aves do céu e a todas as feras selvagens (cf. Gn 2,20).

O conhecimento do bem e do mal, isto é, a plena sabedoria, pertence somente a Iahweh. Só Deus é o Senhor absoluto:

> E agora, Israel, que é que o Senhor teu Deus te pede, senão que o temas, seguindo-o por todos os seus caminhos? E que ames e sirvas ao Senhor teu Deus, com todo o teu coração e com toda a tua alma, e que guardes os mandamentos e preceitos do Senhor, que hoje te prescrevo para teu bem (cf. Dt 10,12-13).

O pecado consiste na desobediência a Deus: o homem quer ser igual a Deus, não se contenta em ser criatura (cf. 3,4-5). Essa tentação é constante em toda a história da humanidade até os dias atuais. A liberdade absoluta é desejo de todo ser humano, em todos os tempos. Na ânsia de *ser igual a Deus*, descobre-se frágil, medroso, nu: "Mas o Senhor Deus chamou o homem e perguntou: *Onde estás?* Ele respondeu: *Ouvi teu ruído no jardim. Fiquei com medo, porque estava nu, e escondi-me*" (cf. Gn 3,9-10). Antes do pecado, Adão e Eva estavam nus e não alimentavam nenhum sentimento de indecência ou indignidade (cf. Gn 2,25).

O pecado nos faz ter vergonha de nós mesmos, de nossas futilidades; expõe ao ridículo a intimidade desregrada. Põe em evidência nossa fragilidade, *a argila do solo da qual fomos feitos*. Quem somos nós? "Acaso não pode o oleiro, da mesma massa, fazer um vaso de luxo e outro vulgar?" (cf. Rm 9,21).

A não-aceitação do projeto de Deus não leva à liberdade plena, mas à escravidão. A desobediência empresta *asas falsas*, asas de cera como as do legendário Ícaro, que se derretem à medida que se aproximam do sol. O rosto humano não se iguala ao esplendor do semblante de Deus, mas o reflete: "Então os justos brilharão como o sol no Reino de meu Pai" (cf. Mt 13,43).

Além da dimensão pessoal, o pecado manifesta uma expressão comunitária, social: "O pecado entrou no mundo por um só homem e, por meio do pecado, a morte. E a morte passou para todos os homens, porque todos pecaram" (cf. Rm 5,12). À solidariedade no bem corresponde a solidariedade no mal. Assim como o homem que se eleva, eleva o mundo, aquele que cai rebaixa o mundo.

No plano divino de salvação, no entanto, está estabelecido que, na plenitude dos tempos, por um outro homem, *Jesus Cristo, Filho de Deus encarnado*, solidário também ele com a humanidade, tudo será restaurado (cf. 1Cor 15,3). Ele, que não cometeu pecado algum, assume o pecado do mundo (cf. 1Pd 2,22-24). "Aquele que não cometeu pecado, Deus o fez pecado por nós, para que nele nos tornássemos justiça de Deus" (cf. 2Cor 5,21).

A fim de recompor a ordem inicial da criação, ama, pois, a teu Deus e observa todos os dias aquilo que pede de ti, as suas leis, os seus preceitos e os seus mandamentos (cf. Dt 11,1). Jesus Cristo humilhou-se, fazendo-se obediente até a morte — e morte de cruz (cf. Fl 2,8).

O cristão vê em Cristo o exemplo a seguir. Todos nós somos convidados a um profundo exame de consciência: Quem somos nós? Qual o nosso destino? O que nos impede de alcançar a felicidade tão almejada? A Quaresma torna-se um convite insistente à conversão pessoal e comunitária. Não podemos ficar indiferentes perante o apelo de Cristo: "Completou-se o tempo, e o Reino de Deus está próximo. Convertei-vos e crede na Boa-Nova" (cf. Mc 1,15).

Rezando com a Igreja

Salmo 51

Piedade, ó Senhor, tende piedade,
pois pecamos contra vós.
Tende piedade, ó meu Deus, misericórdia!
Na imensidão do vosso amor, purificai-me!
Lavai-me todo inteiro do pecado
e apagai completamente a minha culpa.

Eu reconheço toda a minha iniqüidade,
o meu pecado está sempre à minha frente.
Foi contra vós, só contra vós que eu pequei
e pratiquei o que é mau aos vossos olhos!

Criai em mim um coração que seja puro,
dai-me de novo um espírito decidido.
Ó Senhor, não me afasteis de vossa face,
nem retireis de mim o vosso santo Espírito!

Dai-me de novo a alegria de ser salvo
e confirmai-me com espírito generoso!
Abri meus lábios, ó Senhor, para cantar,
e minha boca anunciará vosso louvor!

Completou-se o tempo, e o Reino de Deus está próximo. Convertei-vos e crede na Boa-Nova
(Mc 1,15)

Ano B – Primeiro domingo da Quaresma

A Quaresma é tempo propício à meditação dos ensinamentos de Paulo:

> Sabeis em que momento estamos. Já é hora de despertardes do sono. Agora a salvação está mais perto de nós do que quando abraçamos a fé. A noite está quase passando, o dia vem chegando: abandonemos as obras das trevas e vistamos as armas da luz. Procedamos honestamente como em pleno dia (cf. Rm 13,11-13).

Essas admoestações constituem verdadeiro programa de renovação espiritual. O dia é o tempo que o Senhor nos concede para retornar ao bem. O momento presente é muito exíguo e nele, na verdade, se decide a adesão a Cristo. O *ontem* passou: quando muito nos ilumina para evitarmos erros futuros. O *amanhã* ainda não nos pertence. O tempo salvífico — kairótico — é o presente.

A fidelidade a Cristo se constrói no momento presente, no *aqui e agora* da nossa salvação. Cada dia é, de fato, o dia da salvação (cf. 1Cor 6,2), que vem como um ladrão (cf. 1Ts 5,2), porque foge de nossas mãos, assim que o tocamos. A salvação não tem dia nem hora para acontecer: realiza-se a cada momento no coração e na vida de quem *está acordado.*

O símbolo do arco-íris indica a permanente disposição de Deus em perdoar e salvar (cf. Gn 9,13). Uma lenda antiga da Mesopotâmia concebia Deus como um guerreiro com arco e flecha na mão à procura daqueles que praticassem o mal, a fim de eliminá-los. Exatamente por isso, era temido.

Ao incorporar essa lenda, a Escritura Sagrada quer afirmar que Iahweh não é um Deus como os demais. Ele deseja a salvação de todos, ama a todos, quer ser amigo de todos, por isso coloca seu arco — arco-íris — no céu, como sinal de perdão e reconciliação com os seres humanos. O arco, que antes era sinal de ódio, torna-se agora símbolo de amor. Seu amor é para sempre, de geração em geração (cf. Sl 100,5), um amor sem limites (cf. Sl 107,1). Sua misericórdia ultrapassa todas as gerações (cf. Lc 1,50). Iahweh põe seu arco nas nuvens como sinal de aliança (cf. Gn 9,13).

O perdão e a misericórdia de Deus se manifestam de modo definitivo e inequívoco em Jesus Cristo. De fato, também Cristo morreu uma vez por todas por causa dos pecados, o justo pelos injustos, a fim de nos conduzir a Deus. Sofreu a morte na existência humana, mas recebeu nova vida no Espírito (cf. 1Pd 3,18)

Como no episódio do dilúvio (cf. Gn 5), somente oito pessoas se salvaram das águas. Aqueles que entram na arca — símbolo da Igreja de Cristo —, se salvam, passando pelas águas do batismo, santificadas pela ressurreição de Cristo — oitavo dia, domingo. A Quaresma nos convida sempre a entrar nesta arca salvadora, retomando com maior entusiasmo os compromissos do batismo, à luz do oitavo dia, o dia da ressurreição. Dessa forma, o oitavo dia é simultaneamente o primeiro da semana, porque Cristo é o alfa e o ômega, o começo e o fim de todas as coisas (cf. Ap 1,8).

Com a vitória de Jesus sobre a tentação, que antecipa a vitória da cruz e da ressurreição, o tempo da salvação se completa, e o Reino se faz presente (cf. Mc 1,14). Cristo é o Reino de Deus presente entre nós (cf. Lc 17,20-21). Por isso, ao falar do abandono nas mãos da Providência Divina, Jesus lembra: "Buscai em primeiro lugar o Reino de Deus e a sua justiça, e todas essas coisas vos serão dadas por acréscimo" (cf. Mt 6,33).

Rezando com a Igreja

Salmo 25

Verdade e amor são os caminhos do Senhor!

Mostrai-me, ó Senhor, vossos caminhos,
e fazei-me conhecer a vossa estrada!
Que vossa verdade me oriente e me conduza,
porque sois o Deus da minha salvação.

Recordai, Senhor meu Deus, vossa ternura
e vossa compaixão que são eternas!
De mim lembrai-vos, porque sois misericórdia
e sois bondade sem limites, ó Senhor!

O Senhor é piedade e retidão,
e reconduz ao bom caminho os pecadores.
Ele dirige os humildes na justiça,
e aos pobres ele ensina o seu caminho.

Todo aquele que nele crer não passará vergonha
(Rm 10,11)

Ano C – Primeiro domingo da Quaresma

A primeira profissão de fé do povo de Israel recorda a ação libertadora de Iahweh, que acompanha, passo a passo, a peregrinação do povo eleito pelo deserto em busca da terra prometida (cf. Dt 26,4-10). A libertação é, simultaneamente, dom e compromisso. O povo da antiga Aliança viveu a experiência da fidelidade de Iahweh em sua própria história; nos acontecimentos do êxodo tomou consciência de ser o povo eleito para uma missão bem específica: preparar a vinda do Messias.

Na Carta aos Romanos, Paulo retoma o tema da fidelidade:

> Na verdade, que diz a Escritura? "A palavra está perto de ti, na tua boca e em teu coração." Essa palavra é a palavra da fé que pregamos. Se, pois, com tua boca confessares que Jesus é o Senhor e, no teu coração, creres que Deus o ressuscitou dos mortos, serás salvo. É crendo no coração que se alcança a justiça e é confessando com a boca que se consegue a salvação (cf. Rm 10,8-10).

Para nós, cristãos, o acontecimento fundamental é o mistério pascal de Cristo. Pela encarnação, o Filho de Deus assumiu a natureza humana e começou a fazer parte da nossa história, estabelecendo entre nós o Reino de Deus (cf. Lc 17,21). A comunidade dos redimidos, a Igreja de Deus, acolhe, por sua vez, seu libertador e redentor. Seguindo seus ensinamentos e celebrando sua presença com o dinamismo do Espírito, a Igreja renova sempre a fidelidade ao seu Senhor, assumindo o compromisso de preparar-lhe um povo bem disposto e aberto ao anúncio do Evangelho (cf. Lc 3,4-6).

A Quaresma nos prepara para a Páscoa do Senhor mediante a purificação interior, que consiste, acima de tudo, na autodisciplina, no jejum, na vida de oração e na prática da caridade. Como o êxodo constituiu o acontecimento mais importante para Israel, assim o mistério da Paixão, Morte e Ressurreição de Cristo é para sempre o centro da fé cristã. Seu sangue marcou para sempre nossas vidas. Cristo é nossa Páscoa, porque nos liberta e concede todo bem, que procede do Pai, ao nos enviar seu Espírito consolador, que permanecerá conosco até o fim dos tempos: "Eu pedirei ao Pai, e ele vos dará um outro Defensor, que ficará para sempre convosco" (cf. Jo 14,16).

A Quaresma é também tempo de construir fraternidade. As divisões devem ser superadas com o perdão mútuo. A reconciliação tem como pressuposto o respeito aos direitos humanos e nos encaminha à reconciliação com Deus. O perdão oferecido aos irmãos cria a fraternidade eclesial.

Alimentado pela força do seu Espírito, Jesus venceu as tentações, a fim de que nós possamos também nos libertar de todo mal. Afirma santo Agostinho:

> Com efeito, nossa vida, enquanto somos peregrinos neste mundo, não pode estar livre de tentações, pois é através delas que se realiza nosso progresso e ninguém pode conhecer-se a si mesmo sem ter sido tentado. Ninguém pode vencer sem ter combatido, nem pode combater se não tiver inimigo e tentações... Se nele formos tentados, também venceremos o demônio. Consideras que o Cristo foi tentado e não consideras que ele venceu? Reconhece-te nele em sua tentação e reconhece-te nele em sua vitória. O Senhor poderia impedir o demônio de aproximar-se dele; mas se não fosse tentado, não te daria o exemplo de como vencer na tentação (Santo Agostinho. *Comentários sobre os salmos*. Liturgia das Horas, primeiro domingo da Quaresma, p. 75).

Rezando com a Igreja

Salmo 91

Em minhas dores, ó Senhor,
permanecei junto de mim!

Quem habita ao abrigo do Altíssimo
e vive à sombra do Senhor onipotente,
diz ao Senhor: "Sois meu refúgio e proteção,
sois o meu Deus, no qual confio inteiramente".

Nenhum mal há de chegar perto de ti,
nem a desgraça baterá à tua porta;
pois o Senhor deu uma ordem a seus anjos
para em todos os caminhos te guardarem.

Haverão de te levar em suas mãos,
para o teu pé não se ferir nalguma pedra.
Passarás por sobre cobras e serpentes,
pisarás sobre leões e outras feras.

Porque a mim se confiou, hei de livrá-lo
e protegê-lo, pois meu nome ele conhece.
Ao invocar-me, hei de ouvi-lo e atendê-lo,
e a seu lado eu estarei em suas dores.

Eis o dia da salvação
(2Cor 6,2)

Primeira semana da Quaresma
Segunda-feira

A salvação é dom de Deus; no entanto somente quem abre seu coração à ação da graça divina, quem tem os olhos voltados para o Senhor sentirá sua piedade (cf. Sl 123,2-3). Na primeira leitura, Moisés transmite à comunidade dos filhos de Israel o preceito do Senhor: "Sede santos, porque eu, o Senhor Deus, sou santo" (cf. Lv 19,2).

Quando Jesus fala da perfeição do Pai celeste, apresenta-a sob o aspecto do amor e da misericórdia: "Sede misericordiosos como é misericordioso vosso Pai" (cf. Lc 6,36). O amor que negamos ao próximo deixamos de ofertar ao próprio Cristo. "Em verdade vos digo: todas as vezes que fizestes isso a um destes pequenos, que são meus irmãos, foi a mim que o fizestes" (cf. Mt 25,40).

São Gregório Nazianzeno adverte:

> O Senhor do universo quer a misericórdia e não o sacrifício; e a compaixão tem muito maior valor do que milhares de cordeiros gordos. Ofereçamos a misericórdia e a compaixão na pessoa dos pobres que hoje na terra são humilhados, de modo que, ao deixarmos este mundo, eles nos recebam nas moradas eternas, juntamente com o próprio Cristo Nosso Senhor, a quem seja dada a glória pelos séculos dos séculos. Amém (Liturgia das Horas, v. II, p. 237).

A santidade exige sinceridade em relação a Deus e aos irmãos. O nome do Senhor é profanado sempre que agimos com falsidade, quando não praticamos a justiça e juramos temerariamente às pessoas. O mandamento de Jesus expresso no Evangelho (cf. Mt 25,31-46) deve servir de ponto de referência a nossas relações fraternas, quer na comunidade, quer no relacionamento individual. Numa sociedade materialista, marcada muitas vezes pelo ódio, pela vingança e injustiça, o ser humano é visto mais como um adversário, um concorrente, do que um irmão a ser acolhido e amado como Cristo presente entre nós.

No tempo da Quaresma, ocasião privilegiada por conversão, por jejum e oração, a Igreja pede, acima de tudo, a prática da caridade fraterna, que consiste não apenas em *dar coisas*, mas principalmente em *dar-se*. Deus é amor e caridade, não deve ter fim, porque a grandeza de Deus não tem limites. Para praticar o bem da caridade, todo tempo é próprio. Ignorar o irmão, não estender a mão àquele que tem necessidade de ajuda, é desconhecer o Cristo e seu Evangelho. Não agradam a Deus as preces que não são acompanhadas de profundo amor aos irmãos. Onde existe amor e caridade, Deus aí está!

Todos os dias é tempo de recomeçar. Caminhar na estrada da conversão significa mais do que deixar a terra onde nos sentimos bem, seguros, até mesmo escravos dos nossos caprichos e nossos planos. No entanto, caminhar para onde? Certamente, ao encontro do que é essencial: a santidade. Ser santo como o Pai celeste. Durante o caminho não faltam perigos; há momentos de cansaço, de deserto espiritual, de provações. É preciso morrer para o pecado e ressurgir para o bem. Assim exorta o profeta Isaías:

> Ainda que vossos pecados subam da terra até o céu, ainda que sejam mais vermelhos que o escarlate e mais negros que o cilício, se voltardes para mim de todo o coração e disserdes: "*Pai!*", *eu vos tratarei como um povo santo e ouvirei as vossas súplicas!* (cf. Is 1,18; 63,16; 64,7; Jr 3,4; 31,9).

Rezando com a Igreja

Campanha da Fraternidade de 1976

Eis o tempo da conversão, eis o dia da salvação,
ao Pai voltemos, juntos andemos.
Eis o tempo da conversão!

Os caminhos do Senhor são verdade e amor.
Dirigi os passos meus, em vós espero, ó Senhor.
Ele guia ao bom caminho quem errou e quer voltar.
Ele é bom, fiel e justo, ele busca e vem salvar.

Viverei com o Senhor. Ele é meu sustento.
Eu confio mesmo quando minha dor não mais agüento.
Tem valor aos olhos seus meu sofrer e meu morrer.
Libertai vosso servo e fazei-o reviver.

A palavra do Senhor é a luz do meu caminho,
é vida e alegria, vou guardá-la com carinho.
Sua lei, seu mandamento é viver a caridade.
Caminhemos todos juntos, construindo a unidade.

Procurai a Iahweh enquanto ele se deixa encontrar
(Is 55,6)

Primeira semana da Quaresma
Terça-feira

Iahweh, o todo-poderoso, não se impõe, mesmo quando oferece a salvação, mas quer ser procurado, como que por um jogo divino de sedução. Quem ama não estabelece limites, nem condições para amar. Deus é amor: aquele que permanece no amor permanece em Deus e Deus permanece nele (cf. 1Jo 4,16). Deus e seu Reino devem ser procurados em primeiro lugar; tudo o mais será dado em acréscimo (cf. Mt 6,35). Jesus insiste: "Pedi e vos será dado; buscai e achareis; batei e vos será aberto" (cf. Mt 6,7).

Quando encontramos verdadeiramente a Deus, entramos em contato com a fonte de água viva, e nossa sede é saciada.

> Como a chuva e a neve descem do céu e para lá não voltam sem terem regado a terra, tornando-a fecunda e fazendo-a germinar, dando sementes ao semeador e pão aos que têm fome, tal ocorre com a palavra que sai da minha boca: ela não voltará a mim sem nenhum efeito, sem ter cumprido o que eu quis realizado, o objetivo de minha missão (cf. Is 55,10-11).

No Evangelho, Jesus ensina a orar (cf. Mt 6,9-13). Chamamos a Deus de Pai porque somos seus filhos. A paternidade divina não tolhe nossa liberdade nem nossa responsabilidade. Quando oramos ao Pai, entramos em comunhão com seu Filho e seu divino Espírito. Ao rezar o pai-nosso, a Igreja professa que somos o Povo de Deus. Não teríamos coragem de chamá-lo de Pai, se ele próprio não o permitisse.

Iniciamos exprimindo o desejo de que Deus seja santificado em nossa vida, particularmente em nossas atitudes enraizadas no amor; somente então podemos pedir: *venha a nós o vosso Reino.* Reconhecemos que o Reino de Deus é imensamente maior do que nós; Cristo o personifica. Mediante sua encarnação, morte e ressurreição, abrem-se para nós as portas da salvação. No final dos tempos, entregará ao Pai um Reino eterno e universal: reino da verdade e da vida, reino da santidade e da graça, reino da justiça, do amor e da paz.

Seja feita a vossa vontade. A vontade do nosso Pai celeste é que todos os homens se salvem e cheguem ao conhecimento da verdade (cf. 1Tm 2,3-4). Nele, somos predestinados por aquele que tudo opera em nós, segundo o conselho de sua vontade (cf. Ef 1,9-11).

O pão nosso de cada dia nos dai hoje. O fato de Jesus nos incentivar a pedir não nos deve levar a uma situação de passividade. A Igreja nos ensina:

> A presença dos que têm fome por falta de pão, no entanto, revela outra profundidade deste pedido. O drama da fome no mundo convoca os cristãos que rezam em verdade para uma responsabilidade efetiva em relação a seus irmãos, tanto nos comportamentos pessoais como em sua solidariedade com a família humana. Este pedido da oração do Senhor não pode ser isolado das parábolas do pobre Lázaro e do juízo final (*Catecismo da Igreja Católica*, n. 2831).

Perdoai as nossas ofensas, assim como nós perdoamos aos que nos têm ofendido. O perdão mútuo é condição indispensável para receber o perdão divino.

> A oração cristã chega até o perdão dos inimigos. Transforma o discípulo, configurando-o a seu Mestre. O perdão é um ponto da oração cristã; o dom da oração não pode ser recebido a não ser por um coração em consonância com a compaixão divina. O perdão dá também testemunho de que, em nosso mundo, o amor é mais forte do que o pecado. Os mártires, de ontem e de hoje, dão este testemunho de Jesus. O perdão é a condição fundamental da reconciliação dos filhos de Deus com seu Pai e dos seres humanos entre si (*Catecismo da Igreja Católica*, n. 2844).

Não nos deixeis cair em tentação. A maior de todas as tentações consiste em não aceitar o perdão divino e isolar-se no próprio orgulho.

O Espírito Santo faz discernir entre a provação necessária ao crescimento do ser humano interior, em vista de uma virtude comprovada, e a tentação que leva ao pecado e à morte. Devemos também discernir entre ser tentado e consentir na tentação. Por fim, o discernimento desmascara a mentira da tentação: aparentemente, seu objeto é bom, sedutor para a vista, agradável, ao passo que, na realidade, seu fruto é a morte (*Catecismo da Igreja Católica*, n. 2847).

Mas livrai-nos do mal.

Ao pedir que nos livre do Maligno, pedimos igualmente que sejamos libertados de todos os males, presentes, passados e futuros, dos quais ele é autor ou instigador. Neste último pedido, a Igreja traz toda a miséria do mundo diante do Pai. Com a libertação dos males que oprimem a humanidade, ela implora o dom precioso da paz e a graça de esperar perseverantemente o retorno de Cristo. Rezando dessa forma, ela antecipa, na humildade da fé, a recapitulação de todos e de tudo naquele que detém as chaves da morte e do Hades, o Todo-poderoso, aquele que é, que era e que vem (*Catecismo da Igreja Católica*, n. 2854).

Rezando com a Igreja

Laudes – Terça-feira da segunda semana da Quaresma

Bendigamos a Cristo, que se deu a nós como pão descido do céu, e oremos dizendo:

Cristo, pão da vida e remédio que nos salva, dai-nos vossa força!

Senhor, que nos alimentais na vossa ceia eucarística, dai-nos a plena participação nos frutos do sacrifício pascal. Rezemos.

Ensinai-nos a acolher vossa palavra com coração bom e reto, para darmos frutos na paciência! Rezemos.

Fazei que colaboremos alegremente convosco na construção do mundo, a fim de que o anúncio da paz se difunda mais eficazmente pela ação da Igreja! Rezemos.

Reconhecemos, Senhor, que somos pecadores; apagai nossas culpas com a graça da vossa salvação! Rezemos.

Pai nosso...

Olhai, ó Deus, vossa família, e fazei crescer no vosso amor aqueles que agora se mortificam pela penitência corporal. Por nosso Senhor Jesus Cristo, vosso Filho, na unidade do Espírito Santo.

Aqui está quem é maior do que Jonas
(Lc 11,32)

Primeira semana da Quaresma
Quarta-feira

No Evangelho, Jesus faz alusão ao profeta Jonas em Nínive. Assim como Jonas foi um sinal para a conversão dos ninivitas, muitos se convertem e obedecem a Deus ao ouvirem a pregação da Boa-Nova de Jesus, a Palavra eterna do Pai.

O sinal de Jonas, ao qual se refere Jesus, pode ser compreendido a partir de vários ângulos.

Num primeiro momento, a história de Jonas revela a grandeza da misericórdia divina, mesmo quando anuncia castigos; basta um gesto de sincera conversão para que Deus perdoe as faltas e transforme a punição em atos de benevolência, em bênçãos. Os habitantes de Nínive fizeram penitência ao ouvir a pregação de Jonas; somente ele não acredita no poder de sua mensagem e se mostra irritado quando percebe os bons frutos de sua pregação (cf. Jn 4,1). Jesus, no entanto, se enche de alegria e louva o Pai, porque se revela aos pequeninos (cf. Lc 10,17-20). Até mesmo com Jonas Deus é benevolente.

Em segundo lugar, Deus revela, através de Jonas, a universalidade da salvação. Israel, o povo eleito do Senhor, sempre caiu na tentação de se considerar o único depositário da salvação; a mensagem do livro de Jonas abre os horizontes e proclama que Deus não faz acepção de pessoas: anuncia e realiza a salvação a todos aqueles que têm um coração contrito e humilhado. Há um só Deus, que a todos ama e salva (cf. Rm 3,29).

Também faz parte do sinal de Jonas o fato de ele passar três dias no ventre de um grande peixe (cf. Jn 2,1); Jesus permanece três dias no sepulcro e ressuscita para levar à plenitude sua obra. Enfim, há uma relação entre a atitude de conversão dos ninivitas e a dureza dos corações dos judeus, que não aceitam o anúncio do Reino e, por conseguinte, não se convertem.

O Evangelho revela o grande poder da oração. Quem confia em Deus não será desiludido. Podemos entregar nossas tribulações a Deus que ele com certeza nos defenderá. Todo aquele que pede, recebe (cf. Mt 7,8). Essa certeza nos vem do próprio Cristo; ele rezou ao Pai por nós (cf. Jo 17,15). Jesus pede ao Pai que não nos deixe cair em tentação (cf. Mt 6,13).

"Aqui está quem é mais do que Jonas" (cf. Lc 11,32). Mesmo diante da indisposição de Jonas e de sua descrença, o povo de Nínive se converteu e fez penitência. Jesus e sua mensagem, no entanto, são imensamente maiores do que a pregação de Jonas. A Boa-Nova e o testemunho de Jesus, contudo, não foram aceitos por sua geração. Se Jesus é maior do que Jonas, maior será o pecado daqueles que não aceitam sua pessoa e sua revelação. Jesus é a Palavra eterna do Pai que assume a natureza humana para libertá-la e conduzi-la aos braços do Pai.

Rezando com a Igreja

P. Na tentação da auto-suficiência.
T. Não nos deixes cair, Senhor!

P. Na tentação da vanglória.
T. Não nos deixes cair, Senhor!

P. Na tentação de tudo possuir.
T. Não nos deixes cair, Senhor!

P. Na tentação de consumir tudo o que nos oferecem.
T. Não nos deixes cair, Senhor!

P. Na tentação de nos crermos os únicos e os melhores.
T. Não nos deixes cair, Senhor!

P. Na tentação de alimentar-nos somente dos bens materiais.
T. Não nos deixes cair, Senhor!

P. Na tentação de confiarmos só em nós e não em ti.
T. Não nos deixes cair, Senhor!

P. Na tentação de viver nossos caprichos.
T. Não nos deixes cair, Senhor!

(Álvaro Ginel. *A Cuaresma semana a semana.* Madrid, Editorial CCS, 2000. p. 51.)

Não tenho outro defensor fora de ti, Senhor!
(Est 4,17)

Primeira semana da Quaresma
Quinta-feira

Diante da iminente perseguição a ser desencadeada contra o povo de Israel no cativeiro da Assíria, Ester é informada por Mardoqueu sobre a desgraça que se desenhava. Escolhida pelo rei Assuero para uma de suas esposas, ela é a única pessoa que pode evitar a catástrofe. Colocando em risco sua própria vida e confiando unicamente em Iahweh, vai ao encontro do rei e obtém dele a libertação para seu povo.

A oração é a força dos que acreditam em Deus e o amam com sinceridade. Ele é o último refúgio para quem vive num mundo comandado pelo ódio, pelas injustiças e pela degradação e falta de confiança em Deus, Senhor da história. Oração alicerçada no compromisso que nasce da fé e da esperança e se consolida no amor.

O próprio Jesus ora ao Pai por nós (cf. Jo 17,15). Ele roga para que não caiamos em tentação, particularmente na de nos isolarmos de modo egoísta, confiando demais em nossas capacidades. Deus tem os olhos voltados para nossas provações: "Todo aquele que pede, recebe" (cf. At 7,8). O Pai de nosso Senhor Jesus Cristo é também nosso Pai, adotados que fomos pelo Espírito Santo nas águas do batismo.

No entanto é preciso combater o bom combate (cf. 2Tm 4,7), apoiados não apenas em nossas forças, mas, sobretudo, na ação poderosa de Deus. O mundo dilacerado por tantos males e pecados revela que somos pobres de fé.

O próprio Cristo nos convida a orar e nos ensina o pai-nosso (cf. Mt 6,9-15).

> Quando está o cristão decidido a não ceder às tentações e, com sincero coração, invoca o auxílio divino, é certamente atendida sua oração, porque só faz pedir o que Deus deseja muito mais do que ele, tendo sacrificado seu próprio Unigênito para salvar o mundo do pecado. Mas não o esqueçamos: deve a oração ser *acompanhada* de mortificação e obras penitenciais, conforme a palavra do Senhor: "Vigiai e orai para não cairdes em tentação" (cf. Mt 26,41). A vigília, como o jejum, foi sempre considerada uma das mais importantes práticas de penitência (GABRIEL DE SANTA MARIA MADALENA. *Intimidade divina*. São Paulo, Loyola, 1990. p. 181).

A liturgia da celebração eucarística nos propõe uma oração de libertação:

> Livrai-nos de todos os males, ó Pai, e dai-nos hoje a vossa paz. Ajudados pela vossa misericórdia, sejamos sempre livres do pecado e protegidos de todos os perigos, enquanto, vivendo a esperança, aguardamos a vinda do Cristo Salvador (*Missal Romano*, n. 126).

Rezando com a Igreja

Salmo 122

Que alegria, quando ouvi que me disseram:
"Vamos à casa do Senhor!".

Que alegria, quando ouvi que me disseram:
"Vamos à casa do Senhor!".
E agora nossos pés já se detêm,
Jerusalém, em tuas portas.

Jerusalém, cidade bem edificada
num conjunto harmonioso;
para lá sobem as tribos de Israel,
as tribos do Senhor.

Para louvar, segundo a lei de Israel,
o nome santo do Senhor.
A sede da justiça lá está.

Rogai que viva em paz Jerusalém,
e em segurança os que te amam!
Que a paz habite dentro dos teus muros,
tranqüilidade em teus palácios.

Por amor a meus irmãos e meus amigos,
peço: "A paz esteja em ti".
Pelo amor que tenho à casa do Senhor,
eu te desejo todo bem!

Vai primeiro reconciliar-te com teu irmão
(Mt 5,24)

Primeira semana da Quaresma
Sexta-feira

Dois ensinamentos estão subjacentes nos textos litúrgicos: a conversão como entrega total no coração de Deus e a prática da caridade fraterna como condição para o perdão dos nossos pecados. É preciso abandonar o *ser humano velho e revestir-se do ser humano novo*. O profeta Ezequiel chama a atenção para a misericórdia divina, que não deseja a morte do pecador, mas que ele se converta e viva (cf. Ez 18,23). Converter-se consiste em remover o coração de pedra e colocar em seu lugar um coração de carne (cf. Ez 36,25-26).

O apóstolo Paulo expõe os vários aspectos da conversão mediante figuras. A conversão exige abandono do velho fermento, para ser massa nova e tornar-se ázimo, *sem fermento, sem maldade* (cf. 1Cor 5,7). Quem vive em Cristo é nova criatura. O que era antigo passou; agora tudo é novo (cf. 2Cor 5,17). A conversão purifica do pecado e nos predispõe para celebrarmos dignamente a Páscoa. Cristo foi imolado por nós e nos purificou do pecado, para que nos tornássemos templos vivos de Deus (cf. 2Cor 5,17). Não há vida nova sem purificação.

É preciso lançar fora o velho fermento e ser massa nova, segundo Cristo. João escreve em sua carta: "Se dissermos que não temos pecado, estamos enganando a nós mesmos, e a verdade não está em nós. Se reconhecemos nossos pecados, então Deus se mostra fiel e justo para nos perdoar e nos purificar de toda injustiça" (cf. 1Jo 1,8-9).

O segundo tema nos remete à correção fraterna: "Quando estiveres levando a tua oferta para o altar e ali te lembrares que teu irmão tem alguma coisa contra ti, deixa a tua oferta ali diante do altar e vai primeiro reconciliar-te com teu irmão" (cf. Mt 5,23-24). O perdão mútuo é condição indispensável para sermos perdoados por Deus e celebrarmos a eucaristia. Quem não procura viver em paz com o próximo não pode considerar-se livre do pecado. Não pode abrir-se para o próximo quem se tranca em seu orgulho, *em seu próprio eu.* Não se abre para o outro por excelência, que é o próprio Deus, nem para os outros, seus irmãos.

A vida interior é o caminho para uma autêntica conversão exterior, precedida da mudança interior de vida, que lhe confere valor e autenticidade. Agostinho experimentou essa transformação quando confessou: "Tu estavas dentro de mim, mas eu estava fora" (cf. *Confissões*, X, 27). A interiorização é absolutamente necessária para quem deseja percorrer o caminho da santidade. Não se opõe à ação, mas ao modo como agimos. Longe de diminuir a importância do agir divino, a interioridade a fundamenta e preserva. Dessa forma, a conversão se transforma em louvor a Deus, rico em misericórdia, e nos convida a nele colocar toda a nossa confiança.

Rezando com a Igreja

Salmo 136

Eterna é a sua misericórdia.

Demos graças ao Senhor, porque ele é bom:
porque eterno é seu amor!
De nós, seu povo humilhado, recordou-se:
porque eterno é seu amor!
De nossos inimigos libertou-nos:
porque eterno é seu amor!

Ele feriu os primogênitos do Egito:
porque eterno é seu amor!
E tirou do meio deles Israel:
porque eterno é seu amor!
Com mão forte e braço estendido:
porque eterno é seu amor!

Ele cortou o mar Vermelho em duas partes:
porque eterno é seu amor!
Fez passar no meio dele Israel:
porque eterno é seu amor!
E afogou o faraó com suas tropas:
porque eterno é seu amor!

Sede perfeitos como vosso Pai celeste é perfeito
(Mt 5,48)

Primeira semana da Quaresma
Sábado

O convite à santidade está intimamente relacionado com a obediência.

> Hoje o Senhor te manda cumprir estas leis e decretos. Guarda-os e observa-os com todo o teu coração e com toda a tua alma. Tu escolheste hoje o Senhor para ser teu Deus, para seguires seus caminhos, guardares suas leis, seus mandamentos e seus decretos e para obedeceres à sua voz (cf. Dt 26,16-17).

A obediência consiste no reconhecimento prático da primazia absoluta de Deus e a consciência de que fora dele o homem não pode encontrar bem algum, felicidade alguma. O Filho de Deus, por amor ao desígnio salvífico do Pai e pela salvação da humanidade, obedeceu até a morte, e morte de cruz (cf. Fl 2,8). O ideal da nova Aliança, *sede perfeitos como o Pai celeste é perfeito* (cf. Mt 5,48), se espelha no amor do Pai para com seu Filho e para conosco.

Mediante a obediência de Jesus Cristo, o homem foi justificado e reconciliado com o Pai (cf. Rm 5,1-2). A obediência da fé, de nossa parte, nos conduz à fidelidade e, por conseqüência, ao cumprimento das promessas de Deus. Em virtude disso, Abraão foi justificado pela fé (cf. Rm 4,22). Israel é constituído Povo de Deus, povo privilegiado, consagrado inteiramente ao Senhor.

A Igreja, novo Povo de Deus, esposa de Cristo (cf. Ap 19,7; 21,9), por quem ele se entregou inteiramente, é chamada a viver na fidelidade a Deus, por Cristo, na força do Espírito Santo. Cristo por ela se entregou (cf. Ef 5,25), a fim de apresentá-la revestida de linho brilhante e puro (cf. Ap 19,8). O primeiro motivo que justifica a obediência está relacionado à sua situação criatural (cf. At 17,25). Como criaturas que somos, dependemos inteiramente de Deus, como o vaso depende do oleiro (cf. Is 45,9). A obediência a Deus traz harmonia interior e felicidade para o homem. De outra parte, a desobediência no início da história da humanidade estabeleceu a desordem e a escravidão, que foram restauradas pela obediência de Cristo, o novo Adão (cf. Rm 5,17).

Na Boa-Nova de Jesus, as relações do ser humano com Deus enfocam a obediência não tanto como de criatura para com o Criador, mas como de filho para com o Pai. De fato, podemos dirigir-nos a Deus como o nosso Pai, que cuida de nós (cf. Mt 6,9-13; 25-34). O próprio Jesus ora ao Pai por nós (cf. Jo 17,1-20).

O tema da obediência, como vimos, está intimamente relacionado com a santidade (cf. Lv 11,44), que, por outro lado, se apóia na primazia do amor de Deus para conosco e de nossa entrega confiante nos braços do Pai.

Rezando com a Igreja

Salmo 119

Feliz é quem na lei de Deus vai progredindo!

Feliz o homem sem pecado em seu caminho,
que na lei do Senhor Deus vai progredindo!
Feliz o homem que observa seus preceitos,
e de todo o coração procura por Deus!

Os vossos mandamentos vós nos destes,
para serem fielmente observados.
Oxalá seja bem firme a minha vida
em cumprir vossa vontade e vossa lei.

Quero louvar-vos com sincero coração,
pois aprendi vossas justas decisões.
Quero guardar vossa vontade e vossa lei,
Senhor, não nos deixeis desamparados!

Segunda semana da Quaresma

*Ele transformará o nosso corpo fraco e mortal
e fará com que fique igual ao seu próprio corpo glorioso,
usando para isso o mesmo poder que ele tem
para dominar todas as coisas.*
(Fl 3,21)

Sai da tua terra, do meio dos teus parentes, da casa de teu pai
(Gn 12,1)

Ano A – Segundo domingo da Quaresma

Somos colocados diante do risco da fé. Sair da própria terra é deixar tudo o que nos é familiar, cômodo e faz parte da intimidade do lar, para enfrentar os desafios inesperados. No confronto com a fé cristã, significa abandonar as situações de pecado, cômodas e tranqüilas, para retomar o caminho, por vezes espinhoso, da prática do bem, da justiça, da fraternidade, do compromisso com a transformação pessoal e social, em vista de uma sociedade mais solidária.

Como a Abrão, Iahweh convida ao desprendimento da morbidez espiritual que mantém os cristãos presos aos próprios pecados e os fazem beber das fontes poluídas do pecado, abandonando o Senhor, fonte de água viva. "Duplo crime cometeu o meu povo: abandonou-me a mim, fonte de água viva, e para si preferiu cavar cisternas defeituosas, que não retêm a água" (cf. Jr 1,13).

O seguimento de Jesus é exigente, nada tem de prazeroso, segundo a concepção do mundo. O caminho que conduz ao Tabor, à montanha da Transfiguração, à transformação da vida, à felicidade plena, ainda que envolta em nuvens, demanda esforço. Somente aos que forem capazes de abdicar da tranqüilidade e da facilidade da vida leviana, da flacidez espiritual para assumir as dificuldades da subida íngreme do caminho que leva à perfeição, será concedida a visão divina (cf. Mt 17,1-2).

Quando Pedro, após uma noite de infeliz pescaria, deu ouvidos às palavras de Cristo e lançou as redes em águas mais profundas, apanhou tão grande quantidade de peixes que as redes se rompiam (cf. Lc 5,6). É preciso ir mais longe, enfrentar o perigo das águas profundas e revoltosas. É necessário seguir as inspirações que vêm do alto, ouvir com mais concentração a voz de Deus.

O Tabor é o lugar do encontro privilegiado com o Senhor, que pode transformar a vida. Dele retornaremos diferentes, iluminados, transfigurados pela glória de Deus. Pedro jamais se esquecerá desse momento:

> Pois não foi seguindo fábulas habilmente inventadas que vos demos a conhecer o poder e a vinda de nosso Senhor Jesus Cristo, mas por termos sido testemunhas oculares da sua grandeza. Efetivamente, ele recebeu honra e glória da parte de Deus Pai, quando do seio da esplêndida glória se fez ouvir aquela voz que dizia: *Este é o meu Filho bem-amado, no qual está o meu agrado* (cf. 2Pd 1,16-17).

A verdadeira felicidade encontra-se em Cristo: é preciso atender seu convite, entrar em comunhão com ele. Ouvir não apenas com os ouvidos, mas sobretudo com o coração. Ninguém se torna discípulo de Cristo se não for por ele atraído (cf. Jo 12,32).

Não se ama o que não se conhece! Ver e ouvir Jesus compromete o coração. Somente quem se apaixona por Jesus será capaz de deixar tudo para segui-lo: "Se queres ser perfeito, vai, vende os teus bens, dá o dinheiro aos pobres, e terás um tesouro no céu. Depois, vem e segue-me" (cf. Mt 19,21). Somente quem se apaixona por Cristo terá a coragem de sofrer pelo Evangelho: "Portanto, não te envergonhes de testemunhar a favor de nosso Senhor, nem te envergonhes de mim, seu prisioneiro; mas, sustentado pela força de Deus, sofre comigo pelo Evangelho" (cf. 2Tm 1,8).

Mesmo exigindo nossa participação, o seguimento de Jesus é essencialmente graça, obra de Deus. Ninguém sobe o Tabor da transformação espiritual por iniciativa própria: é o Senhor quem convida (cf. Mc 9,2). Deus sempre se antecipa no caminho da perfeição (cf. Jo 15,16).

> Os cristãos são chamados por uma vocação santa a seguir Cristo em sua vida de obediência a Deus, com a qual venceu a morte, faz resplandecer a vida,

e a imortalidade por meio do Evangelho. O Filho *bem-amado* torna os batizados semelhantes a si, *associando* ao seu destino de sofrimento e de glória os que ouvem com fé sua palavra (*Missal dominical*. São Paulo, Paulus, 1995. p. 154).

Rezando com a Igreja

Salmo 33

Sobre nós venha, Senhor, a vossa graça,
venha a vossa salvação!

Pois reta é a Palavra do Senhor,
e tudo o que ele faz merece fé.
Deus ama o direito e a justiça,
transborda em toda a terra a sua graça.

Mas o Senhor repousa o olhar sobre os que o temem
e confiam nele, esperando em seu amor,
para da morte libertar as suas vidas
e alimentá-los no tempo de penúria.

No Senhor nós esperamos confiantes,
porque ele é nosso auxílio e proteção!
Sobre nós venha, Senhor, a vossa graça,
da mesma forma que em vós nós esperamos!

Deus não poupou o próprio Filho, mas o entregou por todos nós
(Rm 8,32)

Ano B – Segundo domingo da Quaresma

A primeira leitura deste domingo põe em evidência a prova definitiva da fidelidade de Abraão para com Deus: "Toma teu filho único, Isaac, a quem tanto amas, dirige-te à terra de Moriá e oferece-o ali em holocausto sobre o monte que eu te indicar" (cf. Gn 22,2). O Senhor, no entanto, não deseja o sacrifício de Isaac, mas o da fidelidade de Abraão: "Não estendas a mão contra o menino e não lhe faças mal algum. Agora sei que temes a Deus, pois não lhe recusaste teu único filho" (cf. Gn 22,12).

O que Deus pediu a Abraão, ele mesmo o fez: "De fato, Deus amou tanto o mundo que deu o seu Filho único, para que todo o que nele crer não pereça, mas tenha a vida eterna" (cf. Jo 3,16). Oferecer uma vítima em holocausto significa reduzi-la a cinzas, destruí-la completamente.

Profetizando sobre o servo de Iahweh, Isaías afirma:

> De tal forma ele já nem parecia gente, tanto havia perdido a aparência humana, que muitos se horrorizaram com ele; assim também causará surpresa à multidão das nações... Crescia diante dele como um broto, qual raiz que nasce da terra seca: não fazia vista, nem tinha beleza a atrair o olhar, não tinha aparência que agradasse. Era o mais desprezado e abandonado de todos, homem do sofrimento, experimentado na dor, indivíduo de quem a gente desvia o olhar, repelente, dele nem tomamos conhecimento (cf. Is 52,14; 53,2-3).

Paulo acrescenta:

> Ele, existindo em forma divina, não considerou como presa a agarrar o ser igual a Deus, mas despojou-se, assumindo a forma de escravo e tornando-se

semelhante aos homens. E encontrado em aspecto humano, rebaixou-se, fazendo-se obediente até a morte – e morte de cruz! (cf. Fl 2,6-8).

A entrega absoluta de Cristo não termina, porém, com a morte:

> Por isso Deus o exaltou acima de tudo e lhe deu o Nome que está acima de todo nome, para que, no Nome de Jesus, todo joelho se dobre no céu, na terra e abaixo da terra, e toda língua confesse: *Jesus Cristo é o Senhor, para a glória de Deus Pai* (cf. Fl 2,9-11).

O Amor nos ama. O Amor nos transfigura. O Amor nos glorifica em seu Filho Jesus Cristo. Por isso a numerosa multidão, no céu, exultará: "Fiquemos alegres e contentes e demos glória a Deus, porque chegou o tempo das núpcias do Cordeiro" (cf. Ap 19,7).

Perante a certeza da salvação em Jesus Cristo, Paulo prorrompe num hino ao amor de Deus:

> Depois disso, que dizer ainda? Se Deus é por nós, quem será contra nós? Deus, que não poupou seu próprio Filho, mas o entregou por todos nós, como é que, com ele, não nos dará tudo? Quem acusará os escolhidos de Deus? Deus, que justifica? Quem condenará? Cristo Jesus, que morreu, mais ainda, que ressuscitou e está à direita de Deus, intercedendo por nós? Quem nos separará do amor de Cristo? Tribulação, angústia, perseguição, fome, nudez, perigo, espada? Pois está escrito: *Por tua causa somos entregues à morte, o dia todo; fomos todos como ovelhas destinados ao matadouro*. Mas, em tudo isso, somos mais do que vencedores, graças àquele que nos amou. Tenho certeza de que nem a morte, nem a vida, nem os anjos, nem os principados, nem o presente, nem o futuro, nem as potências, nem a altura, nem a profundeza, nem outra criatura qualquer será capaz de nos separar do amor de Deus, que está em Cristo Jesus, nosso Senhor (cf. Rm 8,31-39).

Rezando com a Igreja

Salmo 116

Andarei na presença de Deus,
junto a ele na terra dos vivos.

Guardarei a minha fé, mesmo dizendo:
é demais o sofrimento em minha vida!
É sentida por demais pelo Senhor
a morte dos seus santos, seus amigos.

Eis que sou o vosso servo, ó Senhor,
vosso servo que nasceu de vossa serva;
mas me quebrastes os grilhões da escravidão!
Por isso oferto um sacrifício de louvor,
invocando o nome santo do Senhor.

Vou cumprir minhas promessas ao Senhor
na presença de seu povo reunido;
nos átrios da casa do Senhor,
em teu meio, ó cidade de Sião!

Este é o meu Filho, o escolhido. Escutai o que ele diz
(Lc 9,35)

Ano C – Segundo domingo da Quaresma

Deus estabeleceu aliança com Abraão, o homem de fé; com ele selou um pacto: sua descendência será numerosa e será introduzida na terra prometida. Em Jesus, Deus firma uma aliança eterna; no seu sangue derramado na cruz, sela a aliança definitiva. A aliança com Abraão marca, positivamente, a aliança de Deus com o gênero humano; Cristo a leva à plenitude. Abraão é o amigo de Deus; Cristo é o Filho unigênito do Pai. O povo de Israel esquece, com freqüência, seu compromisso; o Senhor, contudo, permanece sempre fiel.

Toda aliança exige uma saída e uma entrada: Israel deve deixar o Egito e tudo o que ele representou para o povo eleito, em vista da posse da terra prometida: injustiça, pecado, escravidão, idolatria, ritualismo cultual. Israel foi chamado a entrar no reino messiânico: reino da verdade e da vida, reino da santidade e da graça, reino da justiça, do amor e da paz.

No êxodo, o povo de Israel se comprometeu com a aliança firmada no monte Sinai; na transfiguração de Cristo, no monte Tabor, Jesus se encontra com Moisés e Elias, a lei e a profecia. Jesus não suprime pura e simplesmente a aliança do Sinai, mas leva-a à perfeição. A aliança antiga é plenificada pela nova e eterna celebrada por Cristo em seu sangue derramado na cruz. Na celebração da eucaristia, a comunidade dos fiéis, por obra do Espírito Santo, faz memória dessa aliança definitiva em Cristo, sumo e eterno sacerdote, e o faz em nome de toda a humanidade. Segundo a profecia de Jeremias, Deus colocará essa aliança em nosso coração; será para nós o único Deus e nós o seu povo (cf. Jr 31,31-33).

A segunda leitura (cf. Fl 3,17-4,1) convida todos os cristãos a seguir os passos de Jesus, particularmente em sua Paixão, para com ele participar da glória. Ele vai nos transformar, para que também nós sejamos transfigurados pelo seu Espírito. É preciso não renegar a Cristo.

No Evangelho, Jesus deixa, por um momento, brilhar sua divindade por meio de sua humanidade. Ele que é o esplendor da glória do Pai, imagem de sua substância (cf. Hb 1,3). Contemplar a glória de Deus foi o anseio dos justos do Antigo Testamento e o desejo dos santos do Novo Testamento. O salmista deseja, no mais profundo do coração, ver a face do Senhor (cf. Sl 27,8). Essa graça foi concedida aos três apóstolos no monte Tabor. Deus concede essa graça plenamente na vida eterna (cf. 1Cor 13,12).

A Igreja se torna herdeira de Israel e da promessa feita a Abraão e renova sua aliança, de modo especial, na celebração dos sacramentos, particularmente, na eucaristia. O pão e o vinho partilhados tornam-se sinais da nossa comunhão com Deus em Jesus pela força do Espírito. "Assim, manifestando a aliança do vosso amor, a Igreja transmite, constantemente, a alegre esperança do vosso reino e brilha como sinal da vossa fidelidade que prometestes para sempre em Jesus Cristo, Senhor nosso" (Prefácio da *Oração eucarística para diversas circunstâncias*, I).

Rezando com a Igreja

Salmo 27

O Senhor é minha luz e salvação!

O Senhor é minha luz e salvação;
de quem eu terei medo?
O Senhor é a proteção da minha vida;
perante quem eu tremerei?

Ó Senhor, ouvi a voz do meu apelo,
atendei por compaixão!
Meu coração fala convosco confiante,
é vossa face que eu procuro.

Não afasteis em vossa ira vosso servo,
sois vós meu auxílio!
Não me esqueçais, nem me deixeis abandonado,
meu Deus e Salvador!

Sei que a bondade do Senhor eu hei de ver
na terra dos viventes.
Espera no Senhor e tem coragem,
espera no Senhor!

Perdoai e sereis perdoados
(Lc 6,37)

Segunda semana da Quaresma
Segunda-feira

A consciência do pecado acompanha a humanidade desde os primórdios. Sentimos a presença do pecado pessoal, mas também de um pecado que se situa na raiz da maldade. "Temos pecado, temos praticado a injustiça e a impiedade, temos sido rebeldes, apartando-nos de teus mandamentos e de tua lei" (cf. Dn 9,5). No entanto, não basta lamentar as calamidades provocadas pelos pecados: é preciso agir, começando por nós mesmos.

A misericórdia e o perdão são qualidades divinas, que devem ser imitadas por nós. A verdadeira grandeza do ser humano está no fato de refletir a imagem de Deus-Amor, rico em misericórdia. Em Jesus Cristo, a misericórdia divina se manifestou plenamente.

> Revelada em Cristo, a verdade a respeito de Deus, *Pai das misericórdias*, permite-nos vê-lo, particularmente, próximo do ser humano, sobretudo quando este sofre, quando é ameaçado no próprio núcleo da sua existência e da sua dignidade (João Paulo II. *Carta encíclica sobre a misericórdia divina*, n. 2).

Maria, a Mãe da misericórdia, engrandece o Senhor porque sua misericórdia se estende de geração em geração (cf. Lc 1,50).

Devemos ser portadores do perdão exatamente porque somos perdoados (cf. Lc 6,37). Deus sempre tem aberto seu coração para acolher nossas súplicas e derramar sua misericórdia.

> Se, com humildade diante do Senhor, entendemos que nós próprios necessitamos desse perdão gratuito de Deus, mas que, entretanto, somos objeto do mesmo, as coisas mudam. Então podemos perdoar com o amor com que fomos

perdoados por ele. Assim a lei do perdão não nos parecerá uma lei imposta exteriormente, mas uma conseqüência necessária que brota da condição de pecadores perdoados (B. CABALLERO. *A palavra de cada dia*. São Paulo, Paulus, 2000. p. 116).

Jesus proclama a misericórdia divina e a torna visível mediante sua presença redentora e seus ensinamentos:

> Amai vossos inimigos, fazei o bem e prestai ajuda sem esperar coisa alguma em troca. Então a vossa recompensa será grande. Sereis filhos do Altíssimo, porque ele é bondoso também para com os ingratos e maus. Sede misericordiosos como vosso Pai é misericordioso (cf. Lc 6,35-36).

O perdão é fruto do amor de Deus. Vive como filho de Deus aquele que, a exemplo de Cristo, imita o Pai. A desobediência está presente na raiz de todo pecado. A salvação passa, necessariamente, pela obediência, como Jesus nos ensinou: "Porque eu desci do céu não para fazer a minha vontade, mas a vontade daquele que me enviou" (cf. Jo 6,38). Esse é o verdadeiro sacrifício espiritual que agrada a Deus. A obediência a Deus em nada diminui a liberdade humana, mas trata-se de um obséquio amoroso que só engrandece e leva à plenitude nosso livre-arbítrio.

Rezando com a Igreja

Laudes – Segunda-feira
da segunda semana da Quaresma

Bendigamos a Deus Pai, que nos concede a graça de oferecer-lhe o sacrifício de louvor neste dia da Quaresma, e o invoquemos:

Iluminai-nos, Senhor, com a vossa Palavra!

Deus todo-poderoso e cheio de misericórdia, concedei-nos o espírito de oração e penitência e acendei em nosso coração a chama do amor por vós e por nossos irmãos e irmãs. Rezemos.

Ensinai-nos a cooperar convosco, para restaurar todas as coisas em Cristo, a fim de que na terra reinem a justiça e a paz. Rezemos.

Revelai-nos a íntima natureza e o valor de todas as criaturas, para que nos associemos a elas no cântico de louvor à vossa glória. Rezemos.

Perdoai-nos por termos ignorado muitas vezes a presença de Cristo nos pobres, nos infelizes e nos marginalizados, e porque não respeitamos vosso Filho nesses nossos irmãos e irmãs. Rezemos.

Pai nosso...

Ó Deus, que, para remédio e salvação nossa, nos ordenais a prática da mortificação, concedei que possamos evitar todo pecado e cumprir de coração os mandamentos do vosso amor. Por nosso Senhor Jesus Cristo, vosso Filho, na unidade do Espírito Santo. Amém!

Deixai de fazer o mal. Aprendei a fazer o bem
(Is 1,16-17)

Segunda semana da Quaresma
Terça-feira

O abandono do mal e a prática do bem aparecem como um permanente apelo por parte de Deus, tanto nos textos do Antigo quanto do Novo Testamento. A conversão do coração e a retomada de uma vida austera e coerente fazem parte do ideal de todos os que desejam percorrer o caminho da perfeição.

> Se, pois, firmares teu coração e para Deus estenderes tuas mãos; se lançares para longe de ti a maldade que está na tua mão e não deixares alojar-se a injustiça em tua tenda, então poderás levantar teu rosto sem mancha, estarás firme e nada temerás (cf. Jó 11,13-15).

O Senhor mantém-se longe dos ímpios, enquanto ouve com prazer as orações dos justos (cf. Pr 15,29). Paulo nos convida a deixar de lado o mal para nos apegarmos ao bem (cf. Rm 12,9). Vencer o mal pelo bem (cf. Rm 12,21). Pedro se dirige aos fiéis, pedindo que não se deixem conduzir pelo mal, mas busquem o bem (cf. 1Pd 3,11). A conversão será sempre um passo difícil, porque exige uma predisposição permanente, um esforço contínuo na luta contra o mal e as injustiças que nos prendem ao pecado. Somente aos que procedem retamente será manifestada a salvação de Deus (cf. Sl 50,23).

O tema do abandono do mal se relaciona com a coerência de vida. Jesus condena os fariseus exatamente por isso: dizem, mas não fazem (cf. Mt 23,3). De fato, a busca do bem é absolutamente necessária para quem deseja trilhar o caminho de Deus. Ele detesta o formalismo religioso, que vive das aparências, e se compraz com o coração contrito e humilhado. Não se pode servir a dois senhores (cf. Mt 6,24). A conversão também não aceita meias medidas (cf. Ap 3,15-16).

O farisaísmo, a incoerência e a hipocrisia estão na contramão do caminho que conduz à conversão pessoal e comunitária e viciam não apenas a vida, mas principalmente o ato do culto. A vida de Jesus e o seu Evangelho ensinam o caminho da perfeição e condenam toda espécie de dissimulação. "Este povo se aproxima de mim com palavras; só palavras; honra-me somente com a boca, enquanto o coração está longe de mim" (cf. Is 29,13). A incoerência e a mediocridade não só impedem a santidade pessoal, mas também redundam em prejuízo para toda a Igreja.

Não podemos desfigurar o Evangelho, aceitando tão-somente o que nos apraz, parece-nos mais oportuno e nos agrada.

> Cumpre abrir o coração ao Evangelho para aceitá-lo integralmente, como o anunciou Jesus. Devemos meditar profundamente as palavras do Senhor: *Dizem e não fazem,* e ter coragem de confrontá-las com a própria vida. Quantas coisas boas, quantas verdades se conhecem, se afirmam e, todavia, não se praticam, mas ficam relegadas ao campo das idéias! Praticar a verdade, viver o Evangelho e testemunhar Cristo são as metas a que devemos tender, incessantemente (GABRIEL DE SANTA MARIA MADALENA. *Intimidade divina.* São Paulo, Loyola, 1990. p. 198).

Rezando com a Igreja

Salmo 50

A todos que procedem retamente,
mostrarei a salvação que vem de Deus.

Eu não venho censurar teus sacrifícios,
pois sempre estão perante mim teus holocaustos:
não preciso dos novilhos de tua casa
nem dos carneiros que estão nos teus rebanhos.

Como ousas repetir os meus preceitos
e trazer minha aliança em tua boca?
Tu que odiaste minhas leis e meus conselhos
e deste as costas às palavras dos meus lábios!

Diante disso que fizeste, eu calarei?
Acaso pensas que eu sou igual a ti?
É disso que te acuso e repreendo
e manifesto essas coisas aos teus olhos.

Quem me oferece um sacrifício de louvor,
este sim é que me honra de verdade.
A todo ser humano que procede retamente,
eu mostrarei a salvação que vem de Deus.

Quem quiser tornar-se grande, torne-se vosso servidor
(Mt 20,26)

Segunda semana da Quaresma
Quarta-feira

Jesus jamais buscou a própria glória, porque não veio para ser servido, mas para servir (cf. Mt 20,28). Quem quiser ser seu discípulo, deve seguir seus passos (cf. Mt 10,38-39). Beber do cálice do sofrimento (Mt 20,23) é segui-lo pelo caminho da entrega total à vontade do Pai.

> O anúncio de Jesus é cheio de esperança, e no término de sua missão não está a morte, mas a vida; não o malogro, mas a vitória. Como Jesus, os discípulos não devem visar ao êxito, brigando entre si pelos primeiros lugares. Deverão buscar unicamente a vontade de Deus, pondo-se a serviço dos seres humanos, fazendo-se pequeninos. Dando aos outros a própria vida. Isso acarretará humilhação e insucesso perante a opinião pública. É natural que os apóstolos não tenham compreendido essa fala, assim nós o compreendemos (*Missal cotidiano*. São Paulo, Paulus, 2002. pp. 212-213).

Na primeira leitura, Jeremias é figura de Cristo; odiado pelos concidadãos, o profeta entrega-se inteiramente nas mãos de Deus (cf. Jr 18,18-20). Rejeitado pelos defensores das tradições de Israel, Jesus percorrerá o mesmo caminho:

> Eis que estamos subindo para Jerusalém, e o Filho do Homem será entregue aos sumos sacerdotes e aos mestres da lei; eles o condenarão à morte e o entregarão aos pagãos para zombarem dele, para flagelá-lo e crucificá-lo. Mas, ao terceiro dia, ressuscitará (cf. Mt 20,18-19).

Os discípulos não entendem quando Jesus lhes fala do *cálice que deverá beber*. No horizonte de sua fé incipiente, não há espaço para a

Paixão e a Morte; eles não conseguem entender a morte de Cristo, ainda que iluminados pelas profecias do Servo de Iahweh. Ao contrário: preocupam-se em garantir lugares de honra no Reino a ser inaugurado (cf. Mt 20,20-21). O Reino de Deus triunfará sobre o pecado e a morte, mas antes é preciso beber o cálice da Paixão.

Somente após a vinda do Espírito Santo, a dimensão de serviço, tantas vezes retomada por Jesus, será inteiramente compreendida por seus seguidores.

> Os discípulos do Senhor não devem deixar-se contaminar pela mentalidade dos fariseus, nem pela dos grandes do mundo. Sua conduta deve ser completamente oposta; suas preferências hão de ter sentido totalmente contrário: não dominar, mas servir; não superar, mas confraternizar; aliás, pôr-se debaixo dos outros, escolher o último lugar. "Quem quiser ser o primeiro entre vós, faça-se vosso escravo" (cf. Mt 20,27). Tiago e João, que aspiravam aos primeiros lugares no reino de Cristo, aprendem, assim, como deverão comportar-se para conquistá-los: tornarem-se pequenos, servos dos irmãos, absolutamente escravos (GABRIEL DE SANTA MARIA MADALENA. *Intimidade divina*. São Paulo, Loyola, 1990. p. 201).

Rezando com a Igreja

Salmo 31

Salvai-me pela vossa compaixão,
ó Senhor Deus!

Retirai-me dessa rede traiçoeira,
porque sois meu refúgio protetor!
Em vossas mãos, Senhor, entrego o meu espírito,
porque vós me salvareis, ó Deus fiel.

Ao redor, todas as coisas me apavoram;
ouço muitos cochichando contra mim;
todos juntos se reúnem conspirando
e pensando como vão tirar-me a vida.

A vós, porém, ó meu Deus, eu me confio,
e afirmo que só vós sois o meu Deus!
Eu entrego em vossas mãos o meu destino;
libertai-me do inimigo e do opressor!

Bendito o ser humano que confia no Senhor
(Jr 17,7)

Segunda semana da Quaresma
Quinta-feira

"Maldito o homem que confia no ser humano e faz consistir sua força na carne humana, enquanto o seu coração se afasta do Senhor" (cf. Jr 17,5). Essa palavra da Sagrada Escritura é contundente e deve ser corretamente entendida. O profeta não quis afirmar que não devamos respeitar e confiar nas pessoas, mas que a razão última de nossa vida deve apoiar-se em Deus, porque só ele permanece para sempre, somente sobre ele podemos construir com segurança (cf. Mt 7,24-27).

O ser humano soberbo fundamenta sua vida nas qualidades e nos bens que possui. Não há, pois, mais lugar para Deus. O ímpio se fecha para o mistério, basta-se a si mesmo, não tem mais necessidade de Deus. O homem rico do Evangelho é protótipo da soberba e da auto-suficiência. Deus o condena não pelo fato de possuir bens, mas porque a eles se apega, neles coloca a razão de ser de sua vida, deles gozando suntuosamente, inteiramente esquecido de Deus e do próximo.

> Se houver em teu meio um necessitado entre os irmãos, em alguma de tuas cidades, na terra que o Senhor teu Deus te dá, não endureças o coração, nem feches a mão para o irmão pobre. Ao contrário, abre tua mão e empresta-lhe o bastante para a necessidade que o oprime (cf. Dt 15,7-8).

A parábola do rico e do pobre Lázaro retoma o ensinamento do Antigo Testamento e, particularmente, de Jesus nas bem-aventuranças (cf. Lc 6,20-26). É difícil o rico entrar no Reino do Céu, exatamente porque nunca depositou em Deus sua confiança, mas em suas riquezas.

Por outro lado, não basta ser pobre, materialmente falando; é preciso que seja humilde de coração.

O termo *humilde* vem de *húmus, solo, terra.* Humilde é aquele que se prostra por terra, que se coloca a serviço dos outros, que não busca a própria glória, que está aberto para Deus e para os irmãos. Não é a miséria, por si mesma, que salva Lázaro e o torna amado por Deus, mas o fato de ser humilde, não exigindo nada para si, contentando-se com as migalhas que caem do rico. A miséria material pode tornar-se um meio para a salvação, quando unida à pobreza de espírito (cf. Mt 5,3).

A parábola chama ainda a atenção para o abismo que separa o pobre Lázaro do rico: "Além disso, há um grande abismo entre nós: por mais que alguém desejasse, não poderia passar daqui para junto de vós, nem os daí poderiam atravessar até nós" (cf. Lc 16,26). De que abismo se trata? Certamente, da distância que existe entre aqueles que amam sinceramente a Deus e aqueles cujo deus é o dinheiro, a vida fácil, o desinteresse pelos valores do Reino de Deus. Não há distância maior do que aquela existente entre o amor e o desamor, entre uma vida comprometida com a obediência ao Evangelho e o menosprezo pelos valores éticos.

Por outro lado, a aparente preocupação do rico para com os seus irmãos poderia deixar transparecer um ato de bondade: na verdade, não passa de um arrependimento fictício, uma montagem literária. Aquele que se condena eternamente é incapaz de qualquer ato de bondade, porque consolida seu ódio contra Deus e os justos. Enquanto se vive, há sempre a oportunidade de seguir os ensinamentos dos profetas e converter-se (cf. Mt 16,31). Se não somos solidários, partilhando nossos bens e dinheiro com os que são mais pobres que nós, nosso culto a Deus não será autêntico. O cristão não pode ser espectador diante da pobreza dos outros, mas profundamente comprometido com aqueles que têm necessidade do seu amor e de sua ajuda.

Rezando com a Igreja

Salmo 1

Feliz quem a Deus se confia!

Feliz é todo aquele que não anda
conforme os conselhos dos perversos;
que não entra no caminho dos malvados,
nem junto aos zombadores vai sentar-se;
mas encontra seu prazer na lei de Deus
e a medita, dia e noite, sem cessar.

Eis que ele é semelhante a uma árvore,
que à beira da torrente está plantada;
ela sempre dá frutos a seu tempo,
e jamais as suas folhas vão murchar.
Eis que tudo o que ele faz vai prosperar.

Mas bem outra é a sorte dos perversos.
Ao contrário, são iguais à palha seca
espalhada e dispersa pelo vento.
Pois Deus vigia o caminho dos eleitos,
mas a estrada dos malvados leva à morte.

Este é o herdeiro. Vinde, vamos matá-lo
(Mt 21,38)

Segunda semana da Quaresma
Sexta-feira

José, vendido por seus irmãos por vinte moedas de prata, é imagem de Jesus, entregue por Judas Iscariotes por trinta moedas. No entanto, como ocorreu com José, que caiu nas boas graças do faraó e foi estabelecido senhor de toda a terra do Egito (cf. Gn 41,41-42), Jesus Cristo foi exaltado pelo Pai, que o ressuscitou dos mortos:

> Por isso Deus, soberanamente, o elevou e lhe conferiu o Nome que está acima de todo nome, a fim de que ao Nome de Jesus todo joelho se dobre nos céus, sobre a terra e sob a terra, e toda língua proclame que o Senhor é Jesus Cristo para a glória de Deus Pai (cf. Fl 2,9-11).

José é traído por seus irmãos; Jesus é condenado pelos judeus, que eram a vinha de Iahweh. O dono é Deus, os arrendatários, os chefes do povo; os criados, os profetas; o filho morto, Cristo; e o castigo de justiça, a destruição de Jerusalém; a entrega da vinha, a submissão das nações pagãs. A parábola dos vinhateiros homicidas resume os acontecimentos da história da salvação. A Boa-Nova não é aceita pelos notáveis de Israel; os pecadores e também os pagãos, no entanto, a acolhem como mensagem da salvação.

Em nossos dias, a salvação pode, igualmente, ser recusada pela sociedade capitalista e escrava do consumismo, se não aceita a misericórdia divina, que vem até nós por intermédio de Cristo e do seu Espírito. A pedra que os construtores rejeitaram foi escolhida por Deus e colocada como fundamento para todos os que abrem o coração à conversão e à mensagem do Evangelho (cf. Mt 21,42).

O povo eleito, chamado por primeiro à salvação, não só rejeitou, mas também matou os profetas que preparavam o povo de Israel para a vinda do Messias (cf. Lc 1,17). Já que os judeus não acolhem a salvação, o Reino de Deus lhes será tirado e entregue a quem produz frutos de conversão. Deus nos ama com amor eterno; está sempre pronto para nos perdoar e acolher como filhos.

A Quaresma nos convida a um sincero exame de consciência, a fim de que possamos não só descobrir nossos pecados, mas também os vícios e as tendências que nos levam ao pecado e comprometem a relação com Deus.

> Na sua reflexão pascal, a comunidade primitiva entendeu a parábola como uma advertência de Cristo também para ela própria. Trata-se de um convite do Senhor a dar frutos segundo Deus, uma vez que se nos confiou a vinha, o Reino, para um serviço fiel e fecundo. A fé, o culto e a oração devem plasmar-se em frutos para não frustrar as esperanças que o Senhor pôs em nós nesta hora do mundo, um tempo de vindima, maturação e colheita de Deus (B. CABALLERO. *A palavra de cada dia*. São Paulo, Paulus, 2000. p. 124).

Rezando com a Igreja

Bendizemos-te, Pai,
pelo cálice do vinho novo!

Bendizemos-te, Pai,
pelo cálice do vinho novo
que sela a tua aliança conosco
pelo sangue de Cristo.
Que esse vinho novo do teu Espírito,
fermento da nova humanidade,
faça rebentar nossos odres envelhecidos.

Tanto amaste o mundo
que lhe deste o teu próprio Filho.
Cristo Jesus entregou-se
nas mãos dos verdugos,
para que do seu sangue derramado
nascesse o novo povo,
como da uva prensada
nasce o vinho da festa.

Obrigado, também,
porque o teu amor faz de nós
a vinha que tu cuidas
desde sempre com ternura;
com a tua seiva
queremos produzir frutos de vida
e não uvas azedas.

(B. Caballero. *A palavra de cada dia.*
São Paulo, Paulus, 2000. p. 124.)

Teu irmão estava morto e tornou a viver
(Lc 15,32)

Segunda semana da Quaresma
Sábado

Deus não guarda rancor, mas derrama sua misericórdia com abundância sobre aqueles que o temem e nele esperam. Ele lança ao fundo do mar nossos pecados.

> Assim o Senhor revelou sua misericórdia, tanto nas obras como nas palavras, desde os primórdios do povo que escolheu para si e no decurso de sua história. Este povo, quer em momentos de desgraça, quer ao tomar consciência do próprio pecado, continuamente se entregou com confiança ao Deus das misericórdias. Na misericórdia do Senhor para com os seus manifestam-se todos os matizes do amor. Ele é para com eles Pai, dado que Israel é seu filho primogênito; ele é também esposo daquela a quem o profeta anuncia um nome novo, *bem-amada*, porque será usada a misericórdia para com ela (JOÃO PAULO II. *Carta encíclica sobre a divina misericórdia*, n. 4).

A ternura de Deus é, antes de tudo, uma graça. Ele está comprometido desde sempre a fazer-se dom para suas criaturas. É também acolhida: o Pai nos acolhe na qualidade de filhos, criados e redimidos pelo seu Filho. O amor eterno com que o Pai ama seu Filho estende-se a todos nós. Somos filhos no Filho. O Espírito de seu Filho habita em nós. A ternura manifesta-se, ainda, na partilha: a graça é comunhão com o Pai e com o Filho no Espírito Santo. Ternura é gratuidade: faz-nos passar do desejo de posse à alegria da entrega, do individualismo ao amor, do desencontro à comunhão.

Pela misericórdia de Deus, o passado do homem pecador não mais existe; ele pode recomeçar tudo de novo. Deus não fecha seu coração aos apelos humildes do pecador. O verdadeiro culto a Deus deve nascer do coração, o perdão também. É necessário amar a Deus com todo o coração. As parábolas sobre a ternura de Deus (o bom samaritano, o filho pródigo, o publicano e o fariseu) são verdadeiros ícones do amor divino.

A misericórdia de Deus se relaciona com a exigência da comunhão fraterna.

> A convicção de que Deus nos perdoa, fazendo prevalecer em nós o bem sobre o mal, impede de sermos tristes. A alegria de ter um Pai que nos perdoa, ama-nos a ponto de fazer passar para segundo plano, até mesmo fazer desaparecer nossos pecados, deve prevalecer em nossa vida (*Missal cotidiano*. São Paulo, Paulus, 2002. p. 224).

A parábola do filho pródigo constitui um símbolo da vida pessoal de cada cristão, de cada um de nós. O filho pródigo é imagem do pecador que se afasta de Deus e a ele retorna; o pai o recebe com alegria sem nem sequer o incriminar pelo pecado cometido e dá início à festa da reconciliação. Mais importante do que o pecado é o desejo de conversão. O filho mais velho não entende o simbolismo; seu coração está fechado à ação da graça. Ele representa a pessoa puritana, *irrepreensível,* mas *insensível* ao apelo de amor, ao propósito de recomeçar uma vida nova na casa do pai. O irmão mais velho não percebe que comete pecado maior, porque não demonstra amor nem ao pai, nem ao irmão, que retorna ao aconchego da família.

Ambos os filhos, na verdade, têm necessidade da misericórdia do pai: um, porque retornou a seus braços; outro, porque, mesmo permanecendo com o pai, tinha o coração fechado pelo ódio e pelo rancor. O filho mais velho reclama um cabrito e não percebeu que era seu (cf. Lc 15,31). Como foi ao encontro do filho que voltava, o pai sai para convencer o filho mais velho a entrar e participar da festa. O perdão verdadeiro não tem medidas. O Pai de Nosso Senhor Jesus Cristo não se cansa de perdoar o pecador arrependido; amando, o Pai manifesta humildade, esperança, coragem de passar por cima de todos os preconceitos, alegria do perdão e do reencontro, o sofrimento, enquanto espera o retorno dos filhos.

Rezando com a Igreja

Salmo 103

O Senhor é indulgente e favorável!

Bendize, ó minha alma, ao Senhor,
e todo o meu ser, seu santo nome!
Bendize, ó minha alma, ao Senhor,
não te esqueças de nenhum dos seus favores.

Pois ele te perdoa toda culpa,
e cura toda a tua enfermidade;
da sepultura ele salva a tua vida
e te cerca de carinho e compaixão.

Não fica sempre repetindo suas queixas,
nem guarda para sempre seu rancor.
Não nos trata como exigem nossas faltas,
nem nos pune em proporção às nossas culpas.

Quanto os céus por sobre a terra se elevam,
tanto é grande seu amor aos que o temem;
tanto afasta para longe nossos crimes.

Terceira semana da Quaresma

Então Jesus disse: "Quem beber desta água terá sede de novo, mas a pessoa que beber da água que eu lhe der nunca mais terá sede".
(Jo 4,13-14)

Quem beber da água que darei, nunca mais terá sede
(Jo 4,14)

Ano A – Terceiro domingo da Quaresma

O percurso entre a escuridão do pecado e o esplendor do monte Tabor é longo e exige decisões importantes.

A primeira consiste em procurar Cristo como fonte de água viva, a única água que sacia a sede de felicidade, de amor pleno, de Deus. Como elemento essencial para a vida, a água é indispensável. Jesus oferece à samaritana, que simboliza a humanidade, água viva que aplaca a sede de imortalidade. A água retirada do poço de Jacó não era inesgotável, a samaritana precisava sempre retornar ao poço para reabastecer seu cântaro vazio. Jesus nos conduz à fonte inexaurível, o seu Espírito, que jorra vida eterna: "Todo o que bebe desta água que eu darei nunca mais terá sede, porque a água que eu darei vai se tornar nele uma fonte de água, jorrando para a vida eterna" (cf. Jo 4,13-14).

A afirmação *quem bebe desta água que eu darei* lembra a iniciativa da salvação, que vem de Cristo. Ele a oferece a quem lhe pede com sinceridade. Graça é dom; pode ser procurado, desejado, mas não exigido. Ainda mais: até o pedido e o desejo são frutos da graça divina. "Ninguém pode vir a mim, se o Pai, que me enviou, não o atrair" (cf. Jo 6,44).

Os ecologistas chamam a atenção para o uso desregrado da água e seu desperdício. São defensores incansáveis da vida presente e futura da humanidade. Merecem admiração, respeito e devem ser ouvidos e seguidos em suas preocupações, que, em última análise, são também nossas.

No entanto, é preciso ter consciência de que a sede da humanidade não se sacia apenas com a água como elemento natural. Existem, infelizmente, aqueles que se tornam "donos" da fonte da graça, que é Cristo. Há os que impedem a outros de aproximar-se dessa fonte de água viva e matar sua sede de vida plena. Não faltam pregadores que manipulam o acesso a Cristo para satisfazer interesses materiais. Os que reduzem a verdadeira religião a promessas de prosperidade, à fortuna fácil, desde que entreguem o que possuem como *dízimo ao Senhor*, não passam de lobos vorazes que se aproveitam de suas ovelhas. São pastores que se apascentam a si mesmos (cf. Ez 34,2). Oferecem águas poluídas pela ganância e pelo mercantilismo religioso.

Não é este o verdadeiro Salvador anunciado por Paulo:

> Pois tanto os judeus pedem sinais, como os gregos buscam sabedoria. Nós, porém, proclamamos Cristo crucificado, escândalo para os judeus e loucura para os pagãos. Mas para os que são chamados, tanto judeus como gentios, Cristo é poder de Deus e sabedoria de Deus. Pois o que é loucura de Deus é mais sábio do que os homens e o que é fraqueza de Deus é mais forte do que os homens (cf. 1Cor 1,22-25).

Jesus é fonte abundante de vida (cf. Jo 10,10). Ele se fez pobre para nos enriquecer em nossa pobreza (cf. 2Cor 8,9). Sua riqueza não pode ser confundida com abundância de bens materiais. Ele mesmo anuncia bem-aventurados os pobres (cf. Lc 6,20). O Espírito Santo derramado em nosso coração é fonte que sacia todas as sedes (cf. Rm 5,5).

Nas águas de Massa e de Meriba, os judeus, a caminho da terra prometida, saciaram momentaneamente sua sede corporal, mas não mataram sua sede de viverem felizes na terra prometida por Iahweh. O verdadeiro discípulo de Cristo não procura milagres, conhecimentos extraordinários, promessas milagrosas, mas busca o próprio Cristo, o Salvador, assim como ele se apresenta, com as exigências do seguimento:

> Chamou, então, a multidão, juntamente com os discípulos e disse-lhes: "Se alguém quer vir após mim, renuncie a si mesmo, tome a sua cruz e siga-me! Pois quem quiser salvar sua vida a perderá; mas quem perder sua vida por causa de mim e do Evangelho a salvará" (cf. Mc 8,34-35).

Rezando com a Igreja

Salmo 95

Hoje não fecheis o vosso coração,
mas ouvi a voz do Senhor!

Vinde, exultemos de alegria no Senhor,
aclamemos o Rochedo que nos salva!
Ao seu encontro, caminhemos com louvores,
e com cantos de alegria o celebremos!

Vinde, adoremos e prostremo-nos por terra,
e ajoelhemos ante o Deus que nos criou!
Porque ele é nosso Deus, nosso Pastor,
e nós somos o seu povo e o seu rebanho,
as ovelhas que conduz com sua mão.

Oxalá ouvísseis hoje a sua voz:
não fecheis os corações como em Meriba,
como em Massa, no deserto, aquele dia,
em que outrora vossos pais me provocaram,
apesar de terem visto as minhas obras.

Cristo é poder de Deus e sabedoria de Deus
(1Cor 1,24)

Ano B – Terceiro domingo da Quaresma

A sacralidade da Lei mantinha o povo de Israel fiel à Aliança do Sinai. Somente Iahweh é Deus:

> Não terás outros deuses além de mim. Não farás para ti imagem esculpida, nem figura alguma do que existe em cima, nos céus, ou embaixo, na terra, ou nas águas debaixo da terra. Não te prostrarás diante dos ídolos, nem lhes prestarás culto, pois eu sou o Senhor teu Deus, um Deus ciumento. Castigo a culpa dos pais nos filhos até a terceira e quarta geração dos que me odeiam, mas uso de misericórdia por mil gerações para com os que me amam e guardam os meus mandamentos (cf. Ex 20,3-6).

As demais observâncias da Lei são desdobramentos deste primeiro e maior de todos os mandamentos: "Ouve, Israel! O Senhor nosso Deus é o único Senhor. Amarás o Senhor teu Deus com todo o teu coração, com toda a tua alma e com todas as tuas forças" (cf. Dt 6,4-5).

O poder e a salvação de Deus, no entanto, nos foram revelados em Jesus Cristo desde os tempos eternos e, agora, manifestados pela sua aparição. Ele não só fez destruir a morte, mas manifestou a vida pelo anúncio do Evangelho (cf. 2Tm 1,9-11). Jesus é a sabedoria da salvação, diferente daquele dos judeus e dos gregos. Cristo crucificado — para os judeus, escândalo; para os gentios, loucura — é sabedoria divina para os chamados à salvação (cf. 1Cor 1,20-25).

Jesus é a casa do Pai, a imagem do Deus invisível (cf. Cl 1,15). É templo de Deus vivo, do qual o Templo de Jerusalém e todos os demais templos são figura (cf. Jo 2,19). Profanar a figura é desmerecer a realidade. Não podemos fazer deste templo motivo de interesses próprios, busca de vantagens materiais e pessoais (cf. Jo 2,16). Jesus nos conhece por dentro, mais do que nós próprios nos conhecemos (cf. Jo 2,25). Somente nos conheceremos em profundidade quando entrarmos em seu mistério. Se formos conhecidos por Deus, sua sabedoria nos conduzirá: "Senhor, tu me examinas e me conheces. Sabes quando me sento e quando me levanto. Penetras de longe meus pensamentos, distingues meu caminho e meu descanso, sabes todas as minhas trilhas" (cf. Sl 139,1-3).

Rezando com a Igreja

Salmo 19

Senhor, tens palavras de vida eterna!

A lei do Senhor Deus é perfeita,
conforto para a alma.
O testemunho do Senhor é fiel,
sabedoria dos humildes.

Os preceitos do Senhor são preciosos,
alegria do coração.
O mandamento do Senhor é brilhante,
para os olhos é uma luz.

É puro o temor do Senhor,
imutável para sempre.
Os julgamentos do Senhor são corretos
e justos igualmente.

Mais desejáveis do que o ouro são eles,
do que o ouro refinado.
Suas palavras são mais doces do que o mel,
que o mel que sai dos favos.

Quem julga estar de pé tome cuidado para não cair
(1Cor 10,12)

Ano C – Terceiro domingo da Quaresma

"Não te aproximes! Tira as sandálias dos pés, porque o lugar onde pisas é uma terra santa" (cf. Ex 3,5). A terra é santa, não apenas porque foi criada por Deus como expressão de seu imenso amor, mas também, e de modo especial, porque o sangue redentor de Cristo a purificou, mediante sua Paixão, Morte e Ressurreição. Mais precioso do que a terra, no entanto, é o homem criado e purificado pelo mistério pascal de Cristo.

Deus nos criou sem nossa colaboração, mas não nos salva sem nossa ajuda. O convite de Cristo a fazer penitência não é uma atitude alienante; a penitência consiste, exatamente, em consentir morrer ao pecado e corrigir o que nos afasta de Deus. Ele nos quer libertar de modo ainda mais maravilhoso do que aquele com que salvou o povo de Israel da escravidão do Egito.

Jesus nos liberta da tirania do pecado, fazendo-nos passar pelas águas do batismo e purificando-nos através das provações desta vida. A libertação é obra de Deus; cabe a nós aceitá-la, permanecendo fiéis à sua aliança no transcorrer de nossa vida. São Paulo adverte: "Quem julga estar de pé, tome cuidado para não cair" (cf. 1Cor 10,12).

A conversão é um ato transformador; leva-nos ao exame profundo de nós mesmos e à nova direção que desejamos imprimir à nossa vida. Como aconteceu com Abrão, Deus nos leva para além de nossas opções, de nossos apegos, e nos convida a olhar para o céu, ao mesmo tempo tão distante e tão próximo, e descobrir novos valores, novos motivos para viver. Esse ato de fé, Deus o considera justiça, tornando-se nosso aliado, e nos convida a sermos cidadãos do Reino (cf. Fl 3,20).

A conversão para Deus não pode ser vista, unicamente, como uma ameaça: "Se vós não vos converterdes, ireis morrer todos do mesmo modo" (cf. Lc 13,3); é, especialmente, um convite a buscar um mundo novo. Vivemos como nômades em busca da pátria definitiva que ultrapassa o limite do provisório, que está para além dos projetos meramente humanos. O essencial está sempre mais longe. Todos os dias é preciso recomeçar. Este é o tempo de conversão, o dia da salvação! Para quem se deixa conduzir pela fé, caminhar significa abandonar o comodismo, a falsa segurança, os ódios, e ampliar nossa visão para contemplar o que está invisível aos olhos humanos.

A caminhada envolve riscos e cansaço. Momentos de deserto e desalento É preciso caminhar em busca do ideal cristão traçado pelo próprio Cristo: "Sede perfeitos como vosso Pai celeste é perfeito" (cf. Mt 5,48). A Igreja, como comunidade dos discípulos de Jesus, e cada cristão individualmente são chamados à santidade, conforme nos lembra o texto conciliar: "É, assim, evidente que todos os fiéis cristãos de qualquer estado ou ordem são chamados à plenitude da vida cristã e à perfeição da caridade" (cf. *Lumen Gentium*, n. 40).

O êxodo do povo eleito é figura do itinerário espiritual de desapego e conversão que cada cristão deve percorrer, de modo especial na celebração da Quaresma. O fato de pertencer ao Povo de Deus não garante por si só a salvação; é necessário que cada cristão se empenhe, incansavelmente, na busca da própria conversão, e acolha a graça divina, que o Espírito Santo oferece profusamente.

Rezando com a Igreja

Salmo 85

Eis que vem o nosso Deus!
Ele vem para salvar.

Quero ouvir o que o Senhor vai falar:
é a paz que ele vai anunciar;
a paz para seu povo e seus amigos,
para os que voltam ao Senhor seu coração.
Está perto a salvação dos que o temem,
e a glória habitará em nossa terra.

A verdade e o amor se encontrarão,
a justiça e a paz se abraçarão;
da terra brotará a fidelidade,
e a justiça olhará dos altos céus.

O Senhor nos dará tudo o que é bom,
e a nossa terra nos dará suas colheitas;
a justiça andará na sua frente,
e a salvação há de seguir os passos seus.

A minha alma tem sede do Deus vivo
(Sl 42,3)

Terceira semana da Quaresma
Segunda-feira

A cura do general sírio Naamã demonstra que Deus não faz acepção de pessoas, mas atende a todos os que aceitam seus mandamentos e crêem no seu poder redentor. Jesus é enviado não só para os judeus, mas para homens e mulheres de todas as nações, línguas e povos. As águas da purificação lembram a fonte batismal onde fomos lavados do pecado das origens e começamos a fazer parte da comunidade dos discípulos de Cristo, a Igreja. Ao ser batizado por João Batista no rio Jordão, Jesus institui o seu batismo: "Depois de ser batizado, Jesus saiu logo da água e o céu se abriu. E ele viu o Espírito de Deus descer como uma pomba e vir sobre ele. E do céu veio uma voz que dizia: *Este é o meu Filho amado; nele está o meu pleno agrado*" (cf. Mt 3,16-17).

Fazendo referência ao batismo, a Igreja ensina: "Este sacramento é também chamado o banho de purificação no Espírito Santo, pois ele significa este nascimento a partir da água e do Espírito, sem o qual ninguém pode entrar no Reino de Deus" (*Catecismo da Igreja Católica*, n. 1215). Nascer de novo, nascer do alto, nascer da água e do Espírito, nascer de Deus: eis o dom sacramental do batismo cristão.

Há uma relação fundamental entre o batismo e o mistério pascal de Jesus, como nos lembra o apóstolo Paulo:

> Acaso ignorais que todos nós, batizados no Cristo Jesus, é na sua morte que fomos batizados? Pelo batismo fomos sepultados com ele, em sua morte, para que, como Cristo ressuscitou dos mortos, pela ação gloriosa do Pai, assim também nós vivamos uma vida nova (cf. Rm 6,3-4).

A purificação batismal, no entanto, não é um gesto destituído de sentido, um simples rito; continuamos fracos, necessitados permanentemente da ajuda da divina graça. É preciso tomar cada dia a cruz e seguir nas pegadas de Cristo até realizar plenamente a vontade do Pai. O batismo, além de perdoar pecados, introduz o neófito na comunidade eclesial: "Quem não nascer da água e do Espírito Santo, não pode entrar no Reino de Deus" (cf. Jo 3,5). Cantamos como o salmista: "Como a corça deseja as águas correntes, assim a minha alma tem sede de Deus, do Deus vivo" (cf. Sl 42,2-3).

No deserto, Deus saciou o povo eleito com a água brotada da pedra (cf. Ex 17,1-7). Jesus nos sacia do sangue e da água que saíram do seu lado aberto pela lança. À samaritana, junto ao poço de Jacó, ele afirma: "Todo o que bebe dessa água terá sede de novo; mas quem beber da água que eu darei nunca mais terá sede, porque a água que eu darei se transforma nele em fonte de água, jorrando para a vida eterna" (cf. Jo 4,13-14). Quem crê em Jesus e põe em prática sua palavra também se torna fonte; dele correm rios de água viva (cf. Jo 7,38). A Igreja nasceu do lado aberto de Cristo e com ela os sacramentos, gestos salvadores de Jesus (cf. Jo 19,34).

Fazer experiência do Espírito implica deixar-se guiar por ele, seguir suas inspirações: "Se vivemos pelo Espírito, procedamos também de acordo com o Espírito" (cf. Gl 5,15). Ele nos desafia, diariamente, a realizar a transformação interior do coração, a adquirir o equilíbrio, que nasce da sabedoria. Viver segundo o Espírito significa pensar, querer e agir movidos interiormente por aquele princípio de vida nova inserido em nós pelo batismo, que é o Espírito de Jesus. Abramos o coração: Jesus quer viver em nós!

Rezando com a Igreja

Salmo 42

A minha alma tem sede de Deus, do Deus vivo:
e quando verei a face de Deus?

Assim como a corça suspira
pelas águas correntes,
suspira igualmente minha alma
por vós, ó meu Deus!

A minha alma tem sede de Deus,
e deseja o Deus vivo.
Quando terei a alegria de ver
a face de Deus?

Enviai vossa luz, vossa verdade:
elas serão o meu guia;
que me levem ao vosso monte santo,
até a vossa morada!

Então irei aos altares do Senhor,
Deus de minha alegria.
Vosso louvor cantarei, ao som da harpa,
meu Senhor e meu Deus!

Se cada um não perdoar ao seu irmão, o Pai não vos perdoará
(Mt 18,35)

Terceira semana da Quaresma
Terça-feira

De muitos modos e em diferentes situações, os livros sapienciais e os escritos dos profetas repreendem os sacerdotes pelo excesso de sacrifícios inteiramente vazios de sentido. Isso ocorria porque eles não viviam de acordo com os mandamentos do Senhor: "O sacrifício para Deus é um espírito contrito; não desprezas, ó Deus, um coração contrito e humilhado" (cf. Sl 51,19). O sacrifício de animais não interessa a Deus; a oferta de uma vida coerente, fraterna e caridosa constitui o verdadeiro sacrifício, que agrada ao Senhor.

> Eu vos exorto, irmãos, pela misericórdia de Deus, a vos oferecerdes em sacrifício vivo, santo e agradável a Deus: este é o verdadeiro culto. Não vos conformeis com este mundo, mas transformai-vos renovando vossa maneira de pensar e julgar, para que possais distinguir o que é da vontade de Deus, a saber, o que é bom, o que lhe agrada, o que é perfeito (cf. Rm 12,1-2).

O sacrifício espiritual não é algo genérico, destituído de valor real; pelo contrário: o culto interior, espiritual, fundamenta, necessariamente, todo sacrifício verdadeiro. Cristo, nos dias de sua vida terrestre, dirigiu preces e súplicas, com forte clamor e lágrimas, àquele que tinha poder de salvá-lo da morte. E foi atendido, por causa de sua piedade (cf. Hb 5,7).

Pedro adverte em sua primeira carta: "Do mesmo modo, também vós, como pedras vivas, formai um edifício espiritual, um sacerdócio santo, a fim de oferecerdes sacrifícios espirituais agradáveis a Deus, por Jesus Cristo" (cf. 1Pd 2,5).

Jesus Cristo identifica o sacrifício espiritual como fazer a vontade de Deus: no pai-nosso pede que se faça a vontade do Pai (cf. Mt 6,10). Não basta implorar, é preciso pôr em prática sua vontade (cf. Mt 7,21). Todo aquele que realiza a vontade do Pai é da família de Jesus (cf. Mt 12,50). Jesus, na parábola do servo fiel e atento, afirma: "O servo que, conhecendo a vontade do Senhor, nada preparou, nem agiu conforme a sua vontade, será chicoteado muitas vezes" (cf. Lc 12,47). No jardim das oliveiras, no momentos de intensa dor, Jesus se coloca nas mãos do Pai (cf. Lc 22,42). No evangelho de João, afirma que a salvação da humanidade é querida pelo Pai (cf. Jo 6,20). "A vontade de Deus é que sejais santos", escreve Paulo aos cristãos de Tessalônica (cf. 1Ts 4,3).

No Evangelho, Jesus afirma que o amor fraterno é necessário para se obter o perdão de Deus (cf. Mt 18,21-35) e vai mais longe: é preciso amar até os inimigos (cf. Mt 5,43-48).

> Jesus propõe um amor-perdão fraterno ilimitado: é a única maneira de romper a espiral do ódio e da vingança. Mas por que tal perdão sem limites? Que é que sustenta tal doutrina e conduta? O comportamento de Deus conosco, como explica Jesus na parábola que vem a seguir: a do devedor impiedoso. O empregado que deve uma soma fabulosa ao rei, uma vez perdoado completamente pelo rei — Deus — deveria perdoar, por sua vez, ao companheiro que lhe deve uma bagatela. Ao não o fazer, ele mesmo se autocondena a perder o favor e o perdão recebidos (cf. B. CABALLERO. *A palavra de cada dia*. São Paulo, Paulus, 2000. p. 129).

Rezando com a Igreja

Damos-te graças, Senhor,
pelo teu perdão sem limites!

Damos-te graças, Senhor,
pelo teu perdão sem limites,
com o que mostras o teu amor
sem medidas para conosco.
Todos, diante de ti, somos devedores
insolventes de milhões,
tão ruins que não perdoamos
ao outro nem um centavo.

Tu, Senhor,
és compassivo com nossas faltas,
mas nós somos intolerantes com os outros.
Quanto nos custa dizer: peço perdão...

Dá-nos, Pai,
um coração novo e ensina-nos
a perdoar as injúrias
como tu nos perdoas em Cristo.
Assim, seremos
seus discípulos e filhos teus de verdade.
Amém!

(Cf. B. CABALLERO. *A palavra de cada dia.* São Paulo, Paulus, 2000. p. 130.)

Aquele que praticar os mandamentos, este será considerado grande
(Mt 5,19)

Terceira semana da Quaresma
Quarta-feira

O livro do Deuteronômio destaca a necessidade de ouvir a lei, de ter o coração aberto para acolhê-la, a fim de que possa produzir frutos de salvação: "Ouve, Israel! O Senhor nosso Deus é o único Senhor. Amarás o Senhor teu Deus com todo o teu coração, com toda a tua alma e com todas as tuas forças" (cf. Dt 6,4-5). O primeiro passo na observância da lei é ouvir, acolher no coração o mandamento do Senhor. Não basta apenas ouvir com os ouvidos; é preciso *ouvir* com o coração, isto é, abrir o coração aos preceitos de Deus para que os decretos do Senhor possam produzir todos os frutos que Deus desejar.

No salmo 119, o autor sagrado descreve de modos diversos os efeitos da lei em nossa vida: "Felizes os que procedem com retidão, os que caminham na lei do Senhor; felizes os que guardam seus testemunhos e o procuram de todo o coração" (cf. Sl 119,1-2). O autor pede inteligência para que possa observar e viver a lei (cf. Sl 119,34). É preciso odiar e detestar a mentira, mas amar sempre a lei do Senhor (cf. Sl 119,163).

Jesus afirmou que veio não para desrespeitar a lei, mas para levá-la ao cumprimento (cf. Mt 5,17). A lei nova de Cristo é a do Espírito, que fundamenta uma moral e uma ética religiosa em dinamismo progressivo, interior e totalizante. O cristão deve testemunhar uma fidelidade superior à dos fariseus. O fim da lei é o próprio Cristo, que a todos justifica (cf. Rm 10,4). O apóstolo Paulo, por sua vez, afirma que não se anula a lei quando se age com fé (cf. Rm 3,31). A lei do Espírito dá vida em Cristo e liberta da lei do pecado e da morte (cf. Rm 8,2).

A lei do pecado e da morte acompanha cada cristão em particular, mas também a Igreja enquanto comunidade de fé e salvação.

Enquanto desenvolve sua missão no contexto histórico em que está inserida, não deve a Igreja confundir-se com o mundo, porém agir nele como fermento na massa, conservando sua identidade de *sacramento universal de salvação*. Ela anuncia, fielmente, a palavra do Evangelho que recebeu, germe e início da grande reunião dos povos, e dá graças na assembléia a Deus, que nos é vizinho, Pai de Cristo Jesus (cf. *Missal cotidiano*. São Paulo, Paulus, 2002. p. 240).

Rezando com a Igreja

Salmo 147

Glorifica o Senhor, Jerusalém!

Glorifica o Senhor, Jerusalém!
Ó Sião, canta louvores ao teu Deus!
Pois reforçou com segurança as tuas portas,
e os teus filhos em teu seio abençoou.

Ele envia suas ordens para a terra,
e a palavra que ele diz corre veloz,
ele faz cair a neve como lã
e espalha a geada como cinza.

Anuncia a Jacó sua palavra,
seus preceitos, suas leis a Israel.
Nenhum povo recebeu tanto carinho,
a nenhum outro revelou os seus preceitos.

Quem não está comigo, está contra mim
(Lc 11,23)

Terceira semana da Quaresma
Quinta-feira

Jeremias repreende Israel porque não tem ouvidos e coração abertos para ouvir a voz do Senhor: "Esta é a nação que não escutou a voz do Senhor, seu Deus" (cf. Jr 7,28); comporta-se como um povo de surdos e cegos (cf. Jr 7,24). O povo de Israel não deve, pois, prostrar-se diante de um deus estranho (cf. Ex 34,14-17). Somente o Senhor é Deus. Diante desse contexto, Deus proíbe Israel de erigir estátuas. Deus, portanto, não proíbe o uso de estátuas, senão o fato de adorá-las, como se fossem Deus. "Não terás outros deuses além de mim" (cf. Ex 20,3).

Como antigamente, assim também hoje a idolatria será sempre uma tentação a ser vencida. Outros são, em nossos dias, os ídolos: o materialismo, o consumo desenfreado, o prazer a qualquer custo, o hedonismo, o erotismo, o capitalismo selvagem que destrói a dignidade da pessoa humana e a reduz a mero objeto de interesses escusos. Contra todas essas idolatrias, o cristianismo sistematicamente continua a anunciar a libertação que nos vem através de Cristo, pelo seu mistério pascal. Aliás, o próprio Jesus nos ensina a pedir: "E não nos deixeis cair em tentação, mas livrai-nos do mal" (cf. Mt 6,13).

No tratado sobre a oração, o presbítero Tertuliano a apresenta como *sacrifício espiritual,* que aboliu os antigos sacrifícios:

> Ela perdoa os pecados, afasta as tentações, faz cessar as perseguições, reconforta os de ânimo abatido, enche de alegria os generosos, conduz os peregrinos, acalma as tempestades, detém os ladrões, dá alimento aos pobres, ensina

os ricos, levanta os que caíram, sustenta os que vacilam, confirma os que estão de pé (cf. Liturgia das Horas, v. II, p. 222).

No Evangelho, Jesus coloca-se não como uma das alternativas de salvação, mas como o *único* caminho que conduz ao Pai. "Quem não está comigo, está contra mim; quem não recolhe comigo, dispersa" (cf. Lc 11,23). Como no Antigo Testamento não havia para Israel outro Deus senão Iahweh, assim não há, na nova Aliança, outro Salvador senão Jesus Cristo.

> Em Cristo e por Cristo, Deus revelou-se plenamente à humanidade e aproximou-se definitivamente dela; e ao mesmo tempo, em Cristo e por Cristo, o ser humano adquiriu plena consciência da sua dignidade, da sua elevação, do valor transcendente da própria humanidade e do sentido da sua existência (cf. JOÃO PAULO II. Carta encíclica *O redentor do homem*, n. 11).

Jesus, nosso Redentor, sobre quem a morte não tem mais domínio (cf. Rm 6,9), a quem o Pai exaltou acima de todo nome, diante de quem se dobram todos os joelhos no céu, na terra e debaixo da terra, a quem toda língua confessa como Senhor para a glória de Deus Pai, este Jesus é o Redentor do homem (cf. Fl 2,9-11).

> Somente optando por Cristo, que é mais forte e venceu o mal, será possível também a nossa vitória sobre o pecado, que tenta tomar conta de nós. Toda escolha impõe um sacrifício e uma renúncia a alguma coisa. Assim, em vez de sermos escravos do egoísmo tenebroso que quer fazer-se senhor do nosso desprezível mundo, poderemos derrotá-lo baseados no amor, vencendo o mal com o bem (cf. B. CABALLERO. *A palavra de cada dia*. São Paulo, Paulus, 2000. p. 134).

Rezando com a Igreja

Salmo 32

Todos aqueles que vos buscam,
hão de louvar-vos, ó Senhor!

Sois meu louvor em meio à grande assembléia;
cumpro meus votos ante aqueles que vos temem!
Vossos pobres vão comer e saciar-se,
e os que procuram o Senhor o louvarão,
seus corações tenham a vida para sempre!

Lembrem-se disso os confins de toda a terra,
para que voltem ao Senhor e se convertam,
e se prostrem, adorando, diante dele,
todos os povos e as famílias das nações.
Somente a ele adorarão os poderosos,
e os que voltam para o pó o louvarão.

Para ele há de viver a minha alma,
toda a minha descendência há de servi-lo;
às futuras gerações anunciará
o poder e a justiça do Senhor;
ao povo novo que há de vir, ela dirá:
eis a obra que o Senhor realizou!

São retos os caminhos do Senhor
(Os 14,10)

Terceira semana da Quaresma
Sexta-feira

A literatura sapiencial e outros livros do Antigo Testamento, de diversos modos, repreendem o povo eleito por sua constante infidelidade para com o Senhor seu Deus. Com extrema facilidade, Israel continua traindo a confiança do Senhor, afastando-se do seu caminho. "E ainda dizeis: 'A conduta do Senhor não é correta!'. De acordo com a conduta de cada um eu vos julgarei, casa de Israel" (cf. Ez 33,20). Quando nos deixamos guiar somente por critérios humanos, corremos o risco de percorrer caminhos que não levam à salvação.

O profeta Isaías afirma em tom de repreensão: "Os meus pensamentos não são os vossos pensamentos, e vossos caminhos não são os meus, oráculo do Senhor; tanto quanto o céu está acima da terra, assim estão os meus caminhos acima dos vossos" (cf. Is 55,8-9). Somente os caminhos do Senhor conduzem à perfeição (cf. 2Sm 22,31; Sl 18,30), indicam o caminho da vida (cf. Sl 16,11).

O Evangelho aborda o mesmo tema, resumindo a lei no amor a Deus e ao próximo: "Amarás o Senhor teu Deus de todo o teu coração, de toda a tua alma, de todo o teu entendimento, com toda a tua força. O segundo mandamento é: amarás o teu próximo como a ti mesmo. Não existe outro mandamento maior do que esses" (cf. Mc 12,30-31). Em meio ao grande número de preceitos, prescrições e proibições elaborados e interpretados pelos doutores da lei, com facilidade perdia-se o essencial, dando-se importância indevida a detalhes interpretativos da lei, conferindo valor excessivo a normas secundárias.

A íntima relação entre amor a Deus e amor ao próximo é descrita pelo evangelista Mateus ao colocar nos lábios de Cristo o teor do julgamento final (cf. Mt 25,31-46). O escriba percebeu com exatidão o alcance das palavras de Jesus:

> Mestre, na verdade é como disseste: ele é o único Deus, e não existe outro além dele. Amá-lo de todo o coração, de toda a mente e com toda a força, e amar o próximo como a si mesmo é melhor do que todos os holocaustos e sacrifícios (cf. Mc 12,32-33).

No mundo em que vivemos, nem sempre é possível perceber com clareza a reciprocidade entre amar a Deus e ao próximo. O irmão que vive ao nosso lado, que faz história conosco, com o qual mantemos relações amigáveis, e outras, por vezes, conflituosas, deve ser acolhido como acolhemos a Deus.

Basílio Caballero comenta:

> Perante tal dispersão dos nossos centros de interesse, temos de fazer uma parada no caminho para nos questionarmos sobre a nossa motivação religiosa fundamental, isto é, a peça-chave para encaixar no quebra-cabeça. E esta não é outra senão o amor indissolúvel a Deus e ao próximo: *Amarás o Senhor teu Deus com todo o teu coração e ao teu próximo como a ti mesmo*. Eis aqui o que dará sentido, coesão e valia a toda a nossa vida se nos libertarmos dos ídolos mortos, *obras de nossas mãos*: dinheiro e orgulho, prepotência e domínio, egoísmo, sexo, ânsia de ter e consumir (cf. *A palavra de cada dia*. São Paulo, Paulus, 2000. p. 136).

Para amar de verdade o próximo para além das diferenças de cultura, raça e nação, independentemente de sua situação política e socioeconômica, é preciso viver no amor de Deus. Somente a caridade fala todas as línguas, cura todas as feridas, vence todos os obstáculos, remove todos os preconceitos, porque *a caridade desculpa tudo, crê tudo, espera tudo, suporta tudo. O amor jamais acabará* (cf. 1Cor 13,7-8).

Rezando com a Igreja

Salmo 81

Ouve, meu povo, porque eu sou o teu Deus!

Eis que ouço uma voz que não conheço,
aliviei as tuas costas de seu fardo,
cestos pesados eu tirei de tuas mãos.

Na angústia a mim clamaste, e te aliviei,
e junto às águas de Meriba te provei.
Ouve, meu povo, porque vou te advertir!
Israel, ah! Se quisesses me escutar!

Em teu meio não exista um deus estranho,
nem adores a um deus desconhecido!
Porque eu sou o teu Deus e o teu Senhor,
que da terra do Egito te arranquei.

Quem me dera que meu povo me escutasse!
Que Israel andasse sempre em meus caminhos.
Eu lhe daria de comer a flor do trigo,
e com mel que sai da rocha o fartaria.

Quero amor e não sacrifícios
(Os 6,6)

Terceira semana da Quaresma
Sábado

"Teu amor é como o orvalho que cedo se desfaz" (cf. Os 6,4). A caridade é a maior de todas as virtudes, mas a temos como em vasos de barro (cf. 2Cor 4,7). A caridade é a verdade. Não há, pois, lugar para o orgulho, a prepotência, a maledicência e a inveja. Por isso o Senhor Deus prefere o amor aos sacrifícios viciados e ritualistas do templo (cf. Os 6,6). O sacrifício de nossa vida vale imensamente mais que ritos, por vezes destituídos de sinceridade e testemunho humilde em nossa vida diária.

É oportuno avaliar nossas celebrações litúrgicas. Se provocam cansaço e desinteresse, é porque são realizadas de modo ritualista, sem entusiasmo — a palavra entusiasmo significa, etimologicamente, lançar-se em Deus —, para mero cumprimento de obrigação moral. Onde está a participação de todo o Povo de Deus, que de maneira consciente, ativa e frutuosa celebra sua vida na vida de Cristo, a fim de que ele, Cristo Jesus, no amor do Santo Espírito, eleve ao Pai o que somos e o que temos, como oferta santa e agradável? Que está sendo feito da vivência do sacerdócio dos fiéis leigos e leigas? Por que tantas ações litúrgicas são, em nome da tradição e da observância de rubricas, concentradas, exageradamente, nas mãos do presidente da celebração, em detrimento da participação de todos os fiéis? Como faria bem à Igreja retomar os ensinamentos do Concílio Vaticano II!

A essa religiosidade interior e autêntica remete-se também Jesus na parábola do fariseu e do publicano, que acorrem ao templo para orar. Jesus pretende mostrar, graficamente, a misericórdia de Deus, que apareceu nele próprio visivelmente. A compaixão de Deus é, precisamente, ponto de apoio do pecador publicano, enquanto o fariseu crê não necessitar dela, porque sobram-lhe os seus méritos (cf. B. Caballero. *A palavra de cada dia*. São Paulo, Paulus, 2000. p. 136).

A parábola do fariseu e do cobrador de impostos é sintomática para pôr em relevo duas atitudes perante Deus. Quem sai perdoado? Por que recebe o perdão? O fariseu ora de pé diante de todos para ser admirado em sua prece. Deseja que Deus saiba que sua vida, *absolutamente correta*, é colocada como um modelo a ser seguido. Ele não busca a misericórdia de Deus; exige que o Senhor faça justiça, dando-lhe o prêmio por sua vida ilibada. O publicano permanece no fundo, perto da porta de entrada, pois nem sequer ousa adentrar. Ao contrário do fariseu, nada tem a oferecer senão os próprios pecados. Espera tudo de Deus. O falso louvor do fariseu o leva à autojustificação, mas não sai perdoado. O cobrador de impostos volta perdoado, porque acolheu a divina misericórdia.

> Em vez de louvar a Deus e protestar-lhe amor, louva-se e ama a própria excelência; em vez de amar o próximo, despreza o publicano. Também neste último não há caridade, porque a desordem moral a destruiu; há, porém, humildade: tem consciência de sua miséria, lamenta-a, arrepende-se, invoca a misericórdia de Deus. E Deus, que vê os sentimentos sinceros do seu coração, justifica-o (cf. Gabriel de Santa Maria Madalena. *Intimidade divina*. São Paulo, Loyola, 1990. p. 229).

A oração humilde abre as portas do perdão. Deus se inclina para acolher e colocar nos ombros a ovelha perdida (cf. Lc 15,5). De fato, Jesus veio para buscar os que se perderam como ovelhas, mas que desejam retornar (cf. Mt 15,24). O auto-suficiente põe o fundamento de sua santidade em si mesmo; a humildade coloca-se nas mãos da divina misericórdia. A humildade está para o amor como os alicerces para o edifício. Paulo experimentou a força de Deus em sua humana fraqueza: "O Senhor disse-me: 'Basta-te a minha graça; pois é na fraqueza que a força se realiza plenamente'" (cf. 2Cor 12,9).

Rezando com a Igreja

*Reconhecemos-te, Senhor,
como nosso único Deus!*

Reconhecemos-te, Senhor,
como nosso único Deus,
a quem devemos nós amar
e servir de todo o coração.
Deus, Pai de ternura,
próximo dos que te invocam,
infunde o teu amor em nossos corações,
para que amemos os outros
com o amor que tu nos amas.

Somos peças de um quebra-cabeça.
Entalha-nos, Senhor, no teu amor,
e ensina-nos a amar.
Concede-nos, neste dia da Quaresma,
converter-nos totalmente
ao amor a ti e aos irmãos.
Queremos abandonar os ídolos
do nosso egoísmo,
porque amar vale mais
do que todos os holocaustos e sacrifícios.

(Cf. B. Caballero. *A palavra de cada dia.* São Paulo, Paulus, 2000. p. 136.)

Quarta semana da Quaresma

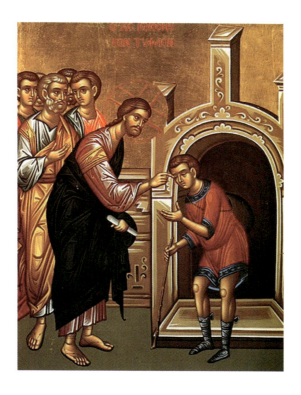

*O povo ficou admirado quando viu que os mudos falavam,
os aleijados estavam curados,
os coxos andavam e os cegos enxergavam.
E todo o povo louvou ao Deus de Israel.*
(Mt 15,31)

Eu sou a luz do mundo. Quem me segue não caminha nas trevas, mas terá a luz da vida

(Jo 8,12)

Ano A – Quarto domingo da Quaresma

Precisamente por ser um elemento essencial para a vida na terra, a luz é responsável pela carga energética de transformação a que chamamos de *fotossíntese*. A Sagrada Escritura vê na luz um dos mais importantes símbolos de vitalidade espiritual. No livro do Gênesis, Iahweh cria a luz e a separa das trevas (cf. Gn 1,3-4). O autor do livro do Apocalipse afirma que a cidade celeste não tem necessidade do sol ou da lua, porque a glória de Deus a ilumina e a lâmpada é o Cordeiro (cf. Ap 21,23).

Por ocasião do rito do batismo, a luz, simbolizada pela vela acesa, é colocada pelo padrinho entre as mãos do recém-batizado, enquanto o presidente da celebração anuncia: "Recebe a luz de Cristo! Querida criança: foste iluminada por Cristo para te tornares luz do mundo. Com a ajuda de teus pais e padrinhos, caminha como filho(a) da luz" (cf. *Rito do Batismo*, nn. 155-156).

Pelo batismo, o cristão é iluminado por Cristo e torna-se, por sua vez, luz: "Outrora éreis trevas, mas agora sois luz no Senhor. Procedei como filhos da luz" (cf. Ef 5,8-9). O apóstolo João adverte:

> A mensagem que dele ouvimos e vos anunciamos é esta: Deus é luz e nele não há trevas. Se dissermos que estamos em comunhão com ele, mas caminhamos nas trevas, estamos mentindo e não praticamos a verdade. Mas se caminhamos

na luz, como ele está na luz, então estamos em comunhão uns com os outros, e o sangue de Jesus, seu Filho, nos purifica de todo pecado (cf. 1Jo 1,5-7).

A luz e o fogo purificam. A Palavra de Deus é como o fogo que inflama (cf. Jr 23,29). Virá para fundir e purificar a prata. Purificará os sacerdotes para que possam oferecer dignamente suas oferendas (cf. Ml 3,3). Jesus batizará com o Espírito Santo e o fogo, anuncia João Batista (cf. Mt 3,11). O próprio Jesus afirma que veio trazer o fogo para incendiar os corações e acabar com a mediocridade sobre a terra (cf. Lc 12,49). Paulo adverte que nossas obras serão postas em evidência e provadas pelo fogo no dia de sua manifestação (cf. 1Cor 3,13). Deus é como fogo abrasador (cf. Hb 12,29). Por isso Deus vê com o coração e não se deixa levar pelas aparências humanas (cf. 1Sm 16,7).

Todos nós, mais ou menos, somos como o cego de nascença. Nas águas da piscina do batismo, lavamos nossa cegueira. O sangue do Enviado — Siloé significa enviado — nos purificou, e começamos a enxergar (cf. Jo 9,7). Jesus é o verdadeiro enviado do Pai: "Que todos sejam um, como tu, Pai, estás em mim e eu em ti. Que eles estejam em nós, a fim de que o mundo creia que tu me enviaste" (cf. Jo 17,21).

Adentrando nas águas do rio Jordão, Jesus as purificou, nelas infundindo o seu Espírito, fonte da verdadeira vida. Quando lavamos a cegueira nas águas do batismo, fomos iluminados, isto é, começamos a ser luz e ver a verdadeira luz que ilumina todo ser humano (cf. Jo 1,9). Nele, também nós nos tornamos luz: "Vós sois a luz do mundo. Uma cidade construída sobre a montanha não fica escondida. Não se acende uma lâmpada para colocá-la debaixo de uma caixa, mas sim no candelabro, onde ela brilha para todos os que estão em casa" (cf. Mt 5,14-15).

No entanto, Jesus Cristo, Luz para iluminar as nações, será, igualmente, sinal de contradição a fim de que os que não vêem vejam e os que vêem tornem-se cegos (cf. Jo 9,39). Ainda hoje, há os que preferem as trevas à luz. Paulo adverte que não há comunhão entre a luz e as trevas, entre Cristo e Belial, entre o fiel e o incrédulo, entre o templo de Deus e o dos ídolos (cf. 2Cor 6,14-16).

Quando, a exemplo do cego de nascença, atravessarmos a escuridão do pecado, da dúvida, jamais deixemos de procurar o Enviado, Jesus Cristo, Filho único do Pai e nosso Salvador. Nos momentos difíceis de nossa vida, quando as provações tentam sufocar a fé, prostremo-nos diante dele, o Enviado, e professemos, com todo o vigor, nossa fé: eu creio, Senhor!

Rezando com a Igreja

Salmo 23

O Senhor é o pastor que me conduz;
não me falta coisa alguma.

O Senhor é o pastor que me conduz;
não me falta coisa alguma.
Pelos prados e campinas verdejantes
ele me leva a descansar.
Para as águas repousantes me encaminha
e restaura as minhas forças.

Ele me guia no caminho mais seguro
pela honra de seu nome.
Mesmo que eu passe pelo vale tenebroso,
nenhum mal eu temerei.
Estais comigo com bordão e com cajado,
eles me dão a segurança!

Preparais à minha frente uma mesa,
bem à vista do inimigo;
com óleo vós ungis minha cabeça,
e o meu cálice transborda.

Felicidade e todo bem hão de seguir-me,
por toda a minha vida,
e, na casa do Senhor, habitarei
pelos tempos infinitos.

Saberás, pois, que o Senhor teu Deus é o único Senhor
(Dt 7,9)

Ano B – Quarto domingo da Quaresma

O afastamento do povo de Israel da Aliança do Sinai, celebrada com o Senhor, adquire valor pedagógico: ele é fiel e misericordioso; jamais abandona seu povo, chamando-o, constantemente, à conversão e à obediência da fé, ainda que, para isso, sejam necessários acontecimentos politicamente desastrosos, como o exílio da Babilônia.

No livro das Crônicas são narrados esses momentos difíceis:

> Sedecias tinha 18 anos quando começou a reinar. Seu reinado em Jerusalém durou onze anos. Ele fez o que é mau aos olhos do Senhor Deus, não se humilhando diante do profeta Jeremias que falava em nome do Senhor. Também todos os chefes dos sacerdotes e o povo cometeram muitos atos de infidelidade, imitando as nações pagãs. Mancharam o templo que o Senhor tinha santificado em Jerusalém (cf. 2Cr 36,11-14).

A deportação é inevitável. Somente após o exílio, o Senhor Deus tocará o coração de Ciro, rei da Pérsia, e ordenará que o povo retorne a Jerusalém e reconstrua o templo (2Cr 36,23).

Como Israel, o cristão é chamado à fidelidade à nova e eterna Aliança selada com o sangue redentor de Jesus Cristo. Paulo lembra este gesto de suma misericórdia de Deus:

> Mas Deus, rico em misericórdia, pelo imenso amor com que nos amou, quando ainda vivíamos mortos por causa dos nossos pecados, deu-nos a vida com Cristo. (É por graça que fostes salvos.) E ele nos ressuscitou com Cristo e com ele nos fez sentar nos céus, em virtude de nossa união com Cristo Jesus! Assim, por sua bondade para conosco no Cristo Jesus, Deus quis mostrar, nos séculos futuros, a incomparável riqueza de sua graça (cf. Ef 2,4-7).

Deus sempre é fiel (cf. 2Tm 2,13). A história divina comprova que o Senhor não veio ao mundo para julgá-lo, mas sim para salvá-lo(cf. Jo 3,17). Jesus nos convida a nos achegarmos à luz. As trevas são lugares preferidos pelo espírito do mal, daqueles que se comprazem em viver todo tipo de iniqüidade. Quem segue Jesus não anda nas trevas (cf. Jo 8,12). É preciso deixar as obras das trevas para acolher os frutos da luz (cf. Ef 5,8).

Deus foi fiel ontem, é fiel hoje e o será sempre. Mais do que nós mesmos, ele deseja nossa salvação. O tempo da Quaresma é ocasião de graça, convite à prática do amor fraterno, incentivo às obras de misericórdia. Eis o tempo da conversão; eis o dia da salvação! O seguimento de Jesus exige constante conversão das trevas para a luz, permanente chamado a participar da herança dos santos na luz (cf. Cl 1,12).

Rezando com a Igreja

Salmo 137

Que se prenda a minha língua ao céu da boca
se de ti, Jerusalém, eu me esquecer!

Junto aos rios da Babilônia
nos sentamos chorando,
com saudades de Sião.
Nos salgueiros, por ali,
penduramos nossas harpas.

Pois foi lá que os opressores
nos pediam nossos cânticos;
nossos guardas exigiam:
cantai hoje para nós
algum canto de Sião!

Como havemos de cantar
os cantares do Senhor
numa terra estrangeira?
Se de ti, Jerusalém,
algum dia eu me esquecer,
que resseque a minha mão.

Que se cole a minha língua
e se prenda ao céu da boca,
se de ti não me lembrar!
Se não for Jerusalém
minha grande alegria!

Mas era preciso festejar e alegrar-nos, porque este teu irmão estava morto e tornou a viver, estava perdido e foi encontrado
(Lc 15,32)

Ano C – Quarto domingo da Quaresma

Em sua carta encíclica *O redentor do homem*, o papa João Paulo II assinalou o lugar que Jesus Cristo ocupa na história da salvação:

> Redentor do mundo é aquele que penetrou, de maneira singular e que não se pode repetir, no mistério do ser humano e entrou no seu "coração" [...]. Na realidade, só no mistério do Verbo encarnado se pode esclarecer verdadeiramente o mistério do ser humano [...]. Porque, pela sua encarnação, ele, o Filho de Deus, uniu-se de certo modo a cada ser humano (cf. n. 8).

Em Jesus Cristo, Deus assumiu a natureza humana e, por meio dela, manifestou o amor de Deus para com a humanidade. Nele podemos exultar com o salmista: "Provai e vede quão suave é o Senhor" (cf. Sl 34,9a). Paulo lembra à comunidade de Corinto de que Jesus nos reconciliou com o Pai (cf. 2Cor 5,18). No entanto, a graça divina não atua, se nós não aceitamos a reconciliação com Deus (cf. 2Cor 5,20).

Ao retornar ao Pai, Jesus, nosso Redentor, continua sua obra de reconciliação por meio do ministério da Igreja (cf. 2Cor 5,18). O perdão será sempre obra de Deus; os ministros da Igreja e a própria Igreja não agem por si sós, por mérito próprio, como se pudessem agir sem o Cristo. Exercendo o ministério que Cristo instituiu, os ministros da Igreja, que, por sua vez, agem na pessoa de Cristo (*in persona Christi*), tornam presente, visualizam e celebram o perdão divino, do qual tanto a Igreja, enquanto comunidade dos que foram chamados, de modo mais explícito, à salvação, como os ministros, individualmente, são os primeiros a dele se beneficiar.

A parábola do filho pródigo descreve tanto o amor misericordioso de Deus para com o pecador arrependido como o caminho que conduz à conversão (cf. Lc 15,11-32). O filho que parte é imagem de tantas pessoas que se afastam de Deus e da Igreja. Aos *filhos pródigos* que buscam a realização pessoal e a felicidade longe de Deus, no prazer, na vida leviana, nos projetos ilusórios, o Pai celeste não cessa de oferecer o perdão e a reconciliação. Distante do afeto e do carinho do Pai, o ser humano se desgasta, perde tudo, até mesmo sua dignidade, e se rebaixa ao nível dos animais.

O filho pródigo perdeu tudo, menos a confiança no amor do pai: "Então, caindo em si, disse: 'Quantos empregados do meu pai têm pão com fartura, e eu, aqui, morrendo de fome. Vou voltar para a casa do meu pai e dizer-lhe: pai, pequei contra Deus e contra ti'" (cf. Lc 15,18). Não foi a fome de pão que fez o filho pródigo retornar à casa paterna; foi também a fome de amor, de dignidade, de vida plena.

Quando ainda estava longe, o pai o avistou e, comovido, saiu ao seu encontro. O filho retornou. O amor venceu. Não importa mais pedir contas do passado; é preciso fazer festa, porque o amor divino tudo pode reverter, desde que aceitemos voltar aos braços do pai. Beijos, sandálias, roupa nova, anel são símbolos da vida nova (cf. Lc 15,20ss). O perdão de Deus sempre nos convida para a festa da reconciliação.

A celebração do sacramento da penitência deve ser expressão do retorno feliz e da alegria da salvação.

> O pai do filho pródigo é fiel à sua paternidade, fiel àquele amor que desde sempre liberalizara ao próprio filho. Uma tal fidelidade exprime-se na parábola não apenas na prontidão em acolhê-lo em casa, quando ele voltou depois de ter esbanjado a herança, mas exprime-se ainda mais plenamente na alegria e no clima de festa tão generoso para com o esbanjador que regressa (cf. JOÃO PAULO II. Carta encíclica sobre a misericórdia divina, n. 6).

O Pai sempre nos espera e sai em busca do que está perdido. Jesus não veio para os justos, mas para os pecadores (cf. Mc 2,17).

Somente não compreende o alcance do gesto misericordioso do pai o filho mais velho, que se negou até a entrar na sala, onde se celebrava o retorno do filho mais novo (cf. Lc 15,25.32). O egoísmo e o ódio bloqueiam qualquer tentativa de amor. Tomado pela raiva, o filho mais velho ofende o pai, chama-o de injusto, apela para seus direitos. Podemos ter muitas razões, mas perdemos todas quando as queremos exigir, tomados pelo ódio e pela vingança. A conversão a Deus está intimamente ligada ao amor fraterno. Quem não respeita o irmão e não o perdoa quando erra não ama verdadeiramente a Deus.

Rezando com a Igreja

Salmo 34

Provai e vede quão suave é o Senhor!

Bendirei o Senhor Deus em todo o tempo,
seu louvor estará sempre em minha boca.
Minha alma se gloria no Senhor,
que ouçam os humildes e se alegrem!

Comigo engrandecei ao Senhor Deus,
exaltemos todos juntos o seu nome!
Todas as vezes que o busquei ele me ouviu,
e de todos os temores me livrou.

Contemplai a sua face e alegrai-vos,
e vosso rosto não se cubra de vergonha!
Este infeliz gritou a Deus e foi ouvido,
e o Senhor o libertou de toda angústia.

Vai, o teu filho vive
(Jo 4,50)

Quarta semana da Quaresma
Segunda-feira

A mensagem e a vida de Jesus foram expressões do seu amor para com a humanidade. Quando, perturbados pelas angústias provocadas pelas preocupações do mundo atual e por seu fascínio, não mais distinguimos o caminho que nos leva ao Pai; quando a falsidade deste mundo parece ter sufocado inteiramente a verdade; quando as situações de morte se multiplicam e falam mais alto do que a vida, Jesus é sempre Caminho, Verdade e Vida (cf. Jo 14,6). Jesus não só anuncia a salvação; ele é o Salvador. Revelando-se, revela o Pai. Revela a chegada do Reino de Deus entre nós (cf. Lc 17,21).

O profeta nos convida à alegria, pois a salvação se aproxima: "Eis que eu criarei novos céus e nova terra, coisas passadas serão esquecidas, não voltarão mais à memória. Ao contrário, haverá alegria e exultação sem fim em razão das coisas novas que eu vou criar" (cf. Is 65,17-18). Desde o seu nascimento, Jesus trouxe alegria a todos (cf. Lc 2,10). Ele foi enviado pelo Pai para ser a alegria de todo o povo e conceder plenitude de vida. Na Jerusalém celeste, onde não haverá nem luto nem dor, o Senhor Deus todo-poderoso e o Cordeiro habitarão na cidade para sempre (cf. Ap 21,22).

No Evangelho, João descreve o encontro de Jesus com um funcionário do rei, que lhe pede pela vida do filho. Jesus o acolhe e afirma: "Vai, o teu filho vive" (cf. Jo 4,50). O sofrimento é a porta que introduz o ser humano no mistério da Paixão, Morte e Ressurreição do Senhor. Dessa forma, Deus colabora em todas as coisas para o bem dos que o amam (cf. Rm 8,28).

A cruz de Cristo ilumina as trevas do sofrimento humano e lhe aponta o caminho de superação. A ressurreição do Senhor Jesus não só dá sentido ao nosso sofrimento, mas o supera.

> Aqueles que participam nos sofrimentos de Cristo têm diante dos olhos o mistério pascal da cruz e da ressurreição, no qual Cristo, numa primeira fase, desce até às últimas cnseqüências da debilidade e da impotência humana: efetivamente, morre pregado na cruz. Mas dado que nesta fraqueza se realiza ao mesmo tempo a sua elevação, confirmada pela força da ressurreição, isso significa que as fraquezas de todos os sofrimentos humanos podem ser penetradas pela mesma potência de Deus, manifestada na cruz de Cristo (cf. JOÃO PAULO II. Carta apostólica sobre *O sentido cristão do sofrimento humano*, n. 23).

Não é fácil entender as *demoras de Deus* (cf. Eclo 8,3). Temos a sensação de que estamos sós, abandonados à própria sorte; esse vazio somente Deus pode preencher. Somos convidados a entregar-nos em suas mãos, confiantes em sua misericórdia, em seu amor de Pai (cf. Eclo 2,6). Somente em Cristo, o ser humano novo, o novo Adão (cf. 1Cor 15,22), está em plena realização da humanidade.

> Tal e tamanho é o mistério do ser humano que pela revelação cristã brilha para os fiéis. Por Cristo e em Cristo, portanto, ilumina-se o enigma da dor e da morte, que fora de seu Evangelho nos esmaga. Cristo ressuscitou, com sua morte destruiu a morte e concedeu-nos a vida, para que, filhos no Filho, clamemos no Espírito: *Abba*, Pai! (cf. CONCÍLIO VATICANO II. *Gaudium et spes*, n. 22).

Rezando com a Igreja

Salmo 30

Eu vos exalto, ó Senhor, pois me livrastes!

Eu vos exalto, ó Senhor, pois me livrastes,
e não deixastes rir de mim meus inimigos!
Vós tirastes minha alma dos abismos
e me salvastes, quando estava já morrendo!

Cantai salmos ao Senhor, povo fiel,
dai-lhe graças e invocai seu santo nome!
Pois sua ira dura apenas um momento,
mas sua bondade permanece a vida inteira;
de manhã vem saudar-nos a alegria.

Escutai-me, ó Senhor Deus, tende piedade!
Sede, Senhor, o meu abrigo protetor!
Transformastes o meu pranto em uma festa,
Senhor meu Deus, eternamente hei de louvar-vos!

A água corria do lado direito do templo
(Ez 47,1)

Quarta semana da Quaresma
Terça-feira

A Sagrada Escritura reconhece a importância da água no decorrer da história da salvação. No início da criação, o Espírito de Deus paira sobre as águas, a fim de que elas possam gerar a vida (cf. Gn 1,2). Por ocasião do dilúvio, a água põe fim aos pecados para que, em Noé, a humanidade tenha um novo começo (cf. Gn 6,5s).

Moisés, o libertador, é salvo das águas do rio Nilo (cf. Ex 2,20). Passando a pé enxuto o mar Vermelho, Israel é chamado a adorar o Senhor Deus no deserto (cf. Ex 14,15-31). No entanto, por causa da falta de água, revolta-se contra Moisés e contra Iahweh (cf. Nm 20,11). Nas águas do rio Jordão, Naamã, o sírio, é curado da lepra (cf. 2Rs 6,1-19). Ezequiel exulta ao ter uma visão da Jerusalém reconstruída; do lado direito do templo, brota uma fonte de água límpida e saudável; todos aqueles que entram em contato com essa água ficam curados. Por onde ela passa, nascem árvores frutíferas; ao desembocar no mar de água salgada, todo o mar se tornará saudável e cheio de vida (Ez 47,9s).

O Novo Testamento retoma o simbolismo da água. A Nicodemos, Jesus afirma que é preciso nascer de novo: nascer do alto (cf. Jo 3,3), nascer da água e do Espírito (cf. Jo 3,5). Ao se encontrar com a samaritana, Jesus assegura que quem beber da água que ele der não mais terá sede (cf. Jo 4,13-14).

Em Jerusalém, no último dia da festa das Tendas, Jesus exclama:

> Se alguém tem sede, venha a mim e beba; quem crê em mim — conforme diz a Escritura: *do seu interior correrão rios de água viva*. Ele dizia isso, falando do Espírito que haviam de receber os que acreditassem nele; pois não havia ainda o Espírito, porque Jesus ainda não fora glorificado (cf. Jo 7,37-39).

Por ocasião da morte na cruz, saiu do lado de Cristo sangue e água, que dariam eficácia aos sacramentos e a toda graça celebrados pela Igreja (cf. Jo 19,34). A profecia do Apocalipse descreve a multidão vinda da grande tribulação, que tinha lavado suas vestes no sangue do Cordeiro (cf. Ap 7,13-15), e o rio das águas vivificantes (cf. Ap 22,1-2).

Quando, na celebração do batismo, o ritual prevê a ação de graças sobre a água, tem presente sua imensa riqueza simbólica (cf. *Ritual do batismo de crianças*, n. 34).

> Foi em sua Páscoa que Cristo abriu a todos os seres humanos as fontes do batismo. Com efeito, já tinha falado da Paixão que iria sofrer em Jerusalém como de um *batismo* com o qual devia ser batizado. O sangue e a água que correram do lado traspassado de Jesus crucificado são *tipos* do batismo e da eucaristia, sacramentos da vida nova: desde então, é possível nascer da água e do Espírito para entrar no Reino de Deus (*Catecismo da Igreja Católica*, n. 1225).

Há sempre pessoas que necessitam da cura.

> Também hoje Cristo pergunta a cada um de nós: queres ficar são? Queres curar-te do teu pecado e da mesquinhez? Queres deixar a tua maca de inválido e começar a caminhar? Queres matar a tua sede inextinguível de felicidade e libertação total? Examina de novo o caminho da água e da fé do teu batismo, para a filiação divina e para a fraternidade eclesial. A tua vida pode mudar se renovares a fundo a tua opção batismal (cf. B. CABALLERO. *A palavra de cada dia*. São Paulo, Paulus, 2000. p. 142).

Rezando com a Igreja

És água viva, és vida nova,
e todo o dia me batizas outra vez...
me fazes renascer, me fazes reviver,
eu quero água desta fonte de onde vens!

Eu te peço desta água que tu tens,
é água viva, meu Senhor,
tenho sede e tenho fome de amor,
e acredito nesta fonte de onde vens.
Vens de Deus, estás em Deus, também és Deus,
e Deus contigo faz um só,
eu, porém, que vim da terra e volto ao pó,
quero viver eternamente ao lado teu.

(PADRE ZEZINHO)

Não procuro fazer a minha vontade, mas a vontade daquele que me enviou
(Jo 5,30)

Quarta semana da Quaresma
Quarta-feira

Em Cristo o Pai nos amou com infinito amor: "Tendo amado os seus que estavam no mundo, amou-os até o fim" (cf. Jo 13,1). O amor de Deus tudo cria, tudo reconstrói em Cristo, o Redentor do homem. A encarnação de Jesus, Filho de Deus feito homem, é a prova mais contundente de que somos amados por Deus, com amor sem reservas, com amor paterno e materno: "Por acaso uma mulher se esquece da sua criancinha de peito? Não se compadecerá do filho do seu ventre? Ainda que as mulheres esquecessem, eu não me esquecerei de ti" (cf. Is 49,15). O rosto paterno e materno de Deus, que tem entranhas de misericórdia para conosco! (cf. Lc 1,78).

A obra do Filho é fazer o que o Pai faz; veio realizar a vontade do Pai. "O Filho não pode fazer nada por si mesmo; ele faz apenas o que vê o Pai fazer [...]. Assim como o Pai ressuscita os mortos e lhes dá a vida, o Filho também dá a vida a quem ele quer" (cf. Jo 5,19.21). Cristo é a expressão concreta da linguagem do Pai, exatamente porque ele é a Palavra viva do Pai (cf. Jo 1,1-2).

Se o Filho se encarna para revelar, devemos afirmar que todos os recursos da natureza humana serão assumidos por ele para servirem de expressão à sua pessoa de Filho de Deus. Portanto, as palavras do Cristo, seu ensinamento e todas as suas ações, suas atitudes, seu comportamento, toda a sua existência humana será perfeitamente usada para revelar-nos as profundezas do mistério divino (cf. RENÉ LATOURELLE. *Teologia da revelação*. São Paulo, Paulus, 1972. p. 477).

Deus se comunica com o ser humano, como o faz toda gente, valendo-se da linguagem. A Palavra de Deus é Cristo Jesus, seu Filho; por ele o Pai se revela, comunica-se conosco e se nos dá. Para revelar-se, o Pai usa a nossa linguagem. Igualmente, a palavra de Cristo é hoje anunciada pela Igreja, que transmite o Evangelho não só por palavras, mas principalmente por meio de suas atitudes e de seu testemunho. Por um lado, a Igreja deve manter-se fiel a Cristo, seu Senhor e Redentor; por outro, deve a Igreja inserir-se na realidade humana para interpretar corretamente os anseios humanos de libertação.

No Antigo Testamento, Israel teve como missão ser presença de aliança entre Iahweh e os demais povos; uma aliança de libertação (cf. Is 49,8-9). Na verdade, embora, por vezes, castigando, o Senhor jamais abandonou seu povo (cf. Is 49,15). Na nova Aliança, Jesus Cristo, com sua obediência, inaugurou na terra o Reino de Deus:

> Veio, portanto, o Filho, enviado pelo Pai. Foi nele que, antes da constituição do mundo, o Pai nos escolheu e predestinou a sermos filhos adotivos, porquanto foi do seu beneplácito restaurar nele todas as coisas (cf. CONCÍLIO VATICANO II. Constituição dogmática *Lumen gentium*, n. 3).

Quis Cristo Jesus fazer-se semelhante ao ser humano, a ponto de experimentar o peso da obediência pelo sofrimento (cf. Hb 5,8). A obediência é, antes de tudo, um dom que Cristo oferece aos que deseja associar, de modo mais íntimo e eficaz, à sua missão redentora. Fruto do amor, da amizade para com Deus, é a obediência ao mesmo tempo seu testemunho concreto. A obediência nos defende da presunção, dos caprichos, das incertezas.

> Quanto mais entrar o ser humano, pela obediência, na vontade de Deus e nela viver, tanto mais passa do estado da escravidão ao de liberdade, e tanto mais participa da própria liberdade de Deus (cf. GABRIEL DE SANTA MARIA MADALENA. *Intimidade divina*. São Paulo, Loyola, 1990. p. 267).

Rezando com a Igreja

Salmo 146

Misericórdia e piedade é o Senhor!

Misericórdia e piedade é o Senhor,
ele é amor, é paciência e compaixão.
O Senhor é muito bom para com todos,
sua ternura abraça toda criatura.

O Senhor é amor fiel em sua palavra,
é santidade em toda obra que ele faz.
Ele sustenta todo aquele que vacila
e levanta todo aquele que tombou.

É justo o Senhor em seus caminhos,
e santo em toda obra que ele faz.
Ele está perto da pessoa que o invoca,
de todo aquele que o invoca lealmente.

Há alguém que vos acusa: Moisés, no qual colocais a vossa esperança
(Jo 5,45)

Quarta semana da Quaresma
Quinta-feira

O que torna Israel diferente dos demais povos não é simplesmente o fato de tomarem posse da terra prometida, mas ser Iahweh seu único Deus. A idolatria, tão presente na vida do povo eleito, é seu maior pecado, exatamente porque rompe com a Aliança selada entre o Senhor e o seu povo. "Não vos volteis para os ídolos, nem façais para vós deuses de metal fundido. Eu sou o Senhor vosso Deus" (cf. Lv 19,4). O livro do Deuteronômio acusa Israel de traição: "Eles me provocaram com coisas que não são deus; irritaram-me com seus ídolos" (cf. Dt 32,21). Por isso, na profecia de Ezequiel, o Senhor purificará de todas as impurezas e de todos os ídolos (cf. Ez 36,25).

Como naquele tempo, também hoje a idolatria está presente por toda parte, em formas modernas e refinadas de abandono da verdade, do amor e da justiça. O consumismo está exposto à venda no templo do *shopping center*, nas drogas, na sexualidade desenfreada.

O mundo em que vivemos muitas vezes parece estar bem longe daquilo que a fé nos assegura; as experiências do mal e do sofrimento, das injustiças e da morte parecem contradizer a Boa-Nova, podem abalar a fé e tornar-se para ela uma tentação. É então que devemos voltar-nos para as testemunhas da fé: Abraão, *que creu, esperando contra toda esperança* (cf. Rm 4,18); a Virgem Maria, que na peregrinação da fé foi até a noite da fé, comungando com o sofrimento de seu Filho e com a noite do seu túmulo; e tantas outras testemunhas da fé (*Catecismo da Igreja Católica*, nn. 164-165).

O Evangelho descreve o enfrentamento entre Jesus e os mestres da lei. A intenção destes não é perscrutar as Escrituras ou compreender o plano de Deus para a salvação dos seres humanos, mas tão somente buscar elogios perante a comunidade. A fé em Jesus Cristo exige humildade no estudo das Escrituras. Esta fé, Jesus deseja encontrá-la, quando de sua volta, no final dos tempos (cf. Lc 18,8). Certamente, não a achará nos soberbos, nos dominadores, nos que são do materialismo. Também não encontrará nos injustos, nos prepotentes, que não respeitam minimamente os direitos das pessoas.

Os mestres da lei gloriavam-se de serem os guardiões da verdade, diziam-se filhos de Abraão, seguidores dos passos de Moisés. No entanto, preocupavam-se com seu *status*, com seus próprios interesses.

> Só com a fé se pode ver em Jesus de Nazaré o nosso Deus, o retrato vivo do amor que dá vida ao ser humano, como o demonstrou Cristo, perdoando os pecadores e curando os enfermos. Essas são as obras de Jesus, que são também as do Pai, mas foram rejeitadas pela incredulidade dos judeus (cf. B. CABALLERO. *A palavra de cada dia*. São Paulo, Paulus, 2000. p. 145).

Contra a tentação da soberba e da auto-suficiência, Jesus propõe o serviço humilde (cf. Lc 22,26-27). Quem quiser ser o maior, deve, como ele, lavar os pés dos seus irmãos (cf. Jo 15,5). Por nós, Jesus humilhou-se e assumiu a condição de servo até a morte na cruz (cf. Fl 2,8). A incredulidade não foi apenas uma atitude dos fariseus e mestres da lei; continua, ainda hoje, presente, em larga escala, na sociedade moderna.

> Ainda hoje não faltam testemunhos sobre Jesus. Um deles é a Igreja. Entretanto, pode-se ser incapaz de sentir nela a voz de Jesus, de ver em suas obras as obras de Jesus. Na Escritura, é possível perder-se alguém em questões secundárias que não levam à descoberta da vida. Nos sacramentos, podem-se ver apenas ritos, perdendo-se o acontecimento cujo protagonista é sempre Cristo. (cf. *Missal cotidiano*, São Paulo, Paulus, 2002. p. 274).

Rezando com a Igreja

Salmo 106

*Lembrai-vos de nós, Senhor,
segundo o amor para com vosso povo!*

Construíram um bezerro no Horeb
e adoraram uma estátua de metal;
eles trocaram seu Deus que é sua glória,
pela imagem de um boi que come feno.

Esqueceram-se do Deus que os salvara,
que fizera maravilhas no Egito;
no país de Cam fez tantas coisas assombrosas,
no mar Vermelho, tantas coisas assombrosas.

Até pensava em acabar com sua raça,
não se tivesse Moisés, seu eleito,
interposto, intercedendo junto a ele,
para impedir que sua ira os destruísse.

Queriam prendê-lo, mas ainda não tinha chegado a sua hora
(Jo 7,30)

Quarta semana da Quaresma
Sexta-feira

Diversas vezes o Evangelho faz referência à hora da Paixão de Jesus: "Ninguém pôs a mão nele, porque ainda não tinha chegado a sua hora" (cf. Jo 7,30; Mt 28,45). "Chegou a hora em que o Filho do Homem vai ser glorificado" (cf. Jo 12,23). Em meio a tanta dor, Jesus pede: "'Pai, livra-me desta hora. Mas foi precisamente para esta hora que eu vim. Pai, glorifica o teu nome'. Veio, então, uma voz do céu: *'Eu já o glorifiquei, e o glorificarei de novo'*" (cf. Jo 12,27-28).

Jesus é vítima do ódio, alguém perigoso para a estabilidade religiosa dos judeus.

> Armemos ciladas ao justo, pois ele nos estorva; ele se opõe ao nosso modo de agir, repreende em nós as transgressões da Lei e nos difama por pecarmos contra a nossa tradição. Ele declara que possui o conhecimento de Deus, e a si mesmo se chama *filho de Deus*. Tornou-se uma censura para os nossos pensamentos, e simplesmente vê-lo já é insuportável; sua vida é muito diferente da dos outros. Somos por ele comparados à moeda falsa; ele foge de nossos caminhos como de impurezas; proclama feliz a sorte final dos justos e glorifica-se de ter Deus como Pai (cf. Sb 2,12-16).

A perseguição de que Jesus foi objeto prolonga-se nos seus discípulos (cf. Jo 15,18s). O cristão autêntico, que é fiel ao Evangelho, torna-se, igualmente, um perigo para a sociedade.

As injúrias, as perseguições, as ofensas, as incompreensões, os insucessos da vida são os meios; aceitando-os por amor a Cristo, abre-se o ser humano ao dom de sua humildade divina, entra no mistério do seu aniquilamento até a morte de cruz, tornam-se os seres humanos glorificadores de Deus, salvadores dos irmãos. A humildade vence e conquista até os mais rebeldes (cf. GABRIEL DE SANTA MARIA MADALENA. *Intimidade divina*. São Paulo, Loyola, 1990. p. 249).

Também em nossos dias seguir Jesus é motivo de perseguição. Como Jesus, será o cristão sinal de contradição (cf. Lc 2,34). Jesus veio trazer fogo à terra, o fogo da purificação de tudo aquilo que não é de Deus (cf. Lc 2,16), o verdadeiro batismo no fogo (cf. Mt 3,11). A paz de Deus não consiste no comodismo, na estagnação, no conformismo doentio; a paz de Jesus é dinâmica, promove a justiça e a não-violência, combate o egoísmo. "Deixo-vos a paz, dou-vos a minha paz. Não é à maneira do mundo que eu a dou" (cf. Jo 14,27).

Jesus pede a seus discípulos adesão incondicional: "Se alguém quer vir após mim, renuncie a si mesmo, tome sua cruz e siga-me, pois quem quiser salvar sua vida a perderá; mas quem perder sua vida por causa de mim e do Evangelho a salvará" (cf. Mc 8,34-45). Jesus pede-nos abnegação, aceitação da cruz e seguimento, e apresenta três razões: primeira, perder a vida por ele é ganhá-la; segunda, a vida vale mais do que o mundo inteiro; terceira, no julgamento de Deus, seu Pai, Jesus pagará cada um segundo suas obras. Jesus nunca sugeriu, nem ordenou algo que ele próprio não cumprisse primeiro. Cristo é modelo a ser seguido para todo discípulo, homem ou mulher, em qualquer idade da vida.

Rezando com a Igreja

Salmo 34

Do coração atribulado está perto o Senhor!

O Senhor volta a sua face contra os maus,
para da terra apagar sua lembrança.
Clamam os justos e o Senhor bondoso escuta,
e de todas as angústias os liberta.

Do coração atribulado ele está perto
e conforta os de espírito abatido.
Muitos males se abatem sobre os justos,
mas o Senhor de todos eles os liberta.

Mesmo os seus ossos ele os guarda e os protege,
e nenhum deles haverá de se quebrar.
Mas o Senhor liberta a vida dos seus servos,
e castigado não será quem nele espera!

Eu era como um manso cordeiro levado para o sacrifício
(Jr 11,19)

Quarta semana da Quaresma
Sábado

O profeta Isaías, em seus cânticos ao Servo de Iahweh, ao mesmo tempo que descreve, profeticamente, o sofrimento do Messias Salvador, mostra, também, o motivo da confiança absoluta em Deus: "O Senhor Deus é meu aliado. Por isso jamais ficarei derrotado" (cf. Is 50,7). Como Cordeiro levado ao matadouro (cf. Jo 1,29), o Servo sofredor carregou em si nossos pecados e intercedeu pelos criminosos (cf. Is 53,12). Igualmente Jeremias, perseguido pelos seus concidadãos, é figura do Messias, também ele detestado pelos mestres da lei.

Jesus mostra-se consciente de sua missão:

"Ninguém me tira a vida, mas eu a dou de mim mesmo. Tenho o poder de dar, como o poder de reassumi-la" (cf. Jo 10,18). Jesus é soberano; não se deixa conduzir por ninguém, senão pela vontade do Pai. Com estes sentimentos vai Jesus ao encontro da Paixão e a ela se oferece como manso cordeiro que não resiste. Não recua. Seu sofrimento é muito mais do que um sofrer passivo. É aceitação espontânea, amorosa, sustentada pela certeza da ressurreição. Todavia, é sofrimento real que lhe dilacera o espírito e os membros (cf. GABRIEL DE SANTA MARIA MADALENA. *Intimidade divina*. São Paulo, Loyola, 1990. p. 250).

Com Cristo e seguindo seu exemplo, somos convidados a obedecer à vontade do Pai. Com essa adesão livre e voluntária, o cristão assemelha-se a nosso Redentor, tomando parte em seu sofrimento e em sua glorificação. O apóstolo Pedro assegura que essa participação deve ser motivo de alegria (cf. 1Pd 4,13). A certeza da presença solidária do

Senhor em nossas dores dá forças e nos permite transformar sofrimento em redenção. Quem participa dos sofrimentos de Cristo toma, igualmente, parte em sua ressurreição (cf. 2Cor 1,7).

A Paixão de Cristo, de certa forma, recapitulou todas as formas do sofrimento humano: abjeções, humilhações, dor física extrema, agonia, tristezas. Sofrimentos morais de toda sorte. O apóstolo Pedro conclama os cristãos para seguir o exemplo de Cristo:

> De fato, para isto fostes chamados. Pois também Cristo sofreu por vós, deixando-vos o exemplo, a fim de que sigais os seus passos. Ele não cometeu pecado algum, mentira nenhuma foi encontrada em sua boca. Quando injustiçado, não retribuía as injúrias; atormentado, não ameaçava (cf. 1Pd 2,21-23).

O autor da Carta aos Hebreus lembra que a luta contra o pecado faz parte da caminhada para Deus. As provações do Senhor têm uma dimensão pedagógica, são provas do seu amor para conosco (cf. Hb 12,4-6). Como Cireneu, ajudamos Jesus a levar sua cruz. A cruz é por demais pesada para Deus feito homem. Jesus, assim como o homem, tem necessidade de solidariedade. É preciso que aprendamos a carregar os fardos uns dos outros (cf. Gl 6,2). A solidariedade exige sempre morte: morte do egoísmo, da auto-suficiência, do hedonismo, das injustiças, do desamor.

Rezando com a Igreja

Hino das vésperas – Semana Santa

Cristo por nós foi tentado,
sofreu e na cruz morreu:
vinde todos, adoremos!

Do Rei avança o estandarte,
fulge o mistério da cruz,
onde por nós foi suspenso
o autor da vida, Jesus.

Do lado morto de Cristo,
ao golpe que lhe vibraram,
para livrar do pecado
o sangue e a água jorraram.

Árvore esplêndida e bela,
de rubra púrpura ornada,
de os santos membros tocar,
digna só tu foste achada.

Ó cruz feliz, dos teus braços
do mundo o preço pendeu,
balança foste do corpo
que ao duro inferno venceu.

Salve, ó altar, salve, vítima,
eis que a vitória reluz:
a vida em ti fere a morte,
morte que à vida conduz.

Salve, ó cruz, doce esperança,
concede aos réus remissão.
Dá-nos o fruto da graça,
que floresce na Paixão.

Louvor a vós, ó Trindade,
fonte de todo perdão,
aos que na cruz foram salvos,
dai a celeste mansão.

Quinta semana da Quaresma

*Então Jesus afirmou: "Eu sou a ressurreição e a vida.
Quem crê em mim, ainda que morra, viverá".*
(Jo 11,25)

Eu sou a ressurreição e a vida
(Jo 11,25-26)

Ano A – Quinto domingo da Quaresma

As ciências têm alcançado enormes progressos em relação à melhor qualidade, como no prolongamento da expectativa da vida humana. Muitos já vivem com saúde e por mais tempo. As recentes descobertas no campo da genética abrem novas e promissoras perspectivas, num futuro recente, no que diz respeito à cura definitiva de muitas doenças. Infelizmente, grande parte da humanidade não tem acesso a esses benefícios. Sabemos, contudo, que, apesar de todas essas conquistas científicas, caminhamos inexoravelmente para a morte corporal. Somos seres mortais, porque materiais, mas, ao mesmo tempo, por sermos dotados de espírito, temos certeza da vida após a morte. O espírito não morre.

Do ponto de vista meramente humano, a morte é sempre um desastre, uma realidade negativa que quebra a unidade fundamental da pessoa humana. Nesse sentido, a morte não é um bem a ser desejado. Somente à luz da fé cristã na continuidade da vida após a morte, na existência de vida plena, após a saída deste mundo, a morte pode ser vista com mais serenidade, como uma passagem para uma vida melhor e mais feliz junto de Deus. Entendemos, então, como Francisco de Assis a chama de *irmã morte*!

Em Cristo ressuscitado nos foi dada esta certeza, esta esperança, como exprime com muita propriedade o *Prefácio dos fiéis defuntos*:

> Nele brilhou para nós a esperança da feliz ressurreição. E aos que a certeza da morte entristece, a promessa da imortalidade consola. Senhor, para aqueles que crêem em vós, a vida não é tirada, mas transformada. E desfeito o nosso corpo mortal, nos é dado, nos céus, um corpo imperecível.

Na liturgia do quinto domingo da Quaresma, Cristo se apresenta como nossa vida. Por sua morte, venceu a morte, concedendo a todos os que nele crêem a ressurreição e a vida eterna na feliz companhia de Deus (cf. Rm 6,9). Cristo é o Senhor da vida; por isso no-la concede em abundância (cf. Jo 10,10).

Mediante a profecia de Ezequiel, Iahweh proclama:

> Assim diz o Senhor Deus: Ó meu povo, vou abrir vossas sepulturas! Eu vos farei sair de vossas sepulturas e vos conduzirei para a terra de Israel. Ó meu povo, quando abrir vossas sepulturas e vos fizer sair delas, sabereis que eu sou o Senhor. Quando incutir em vós o meu espírito para que revivais, quando vos estabelecer em vossa terra, sabereis que eu, o Senhor, digo e faço — oráculo do Senhor (cf. Ez 37,12-14).

De fato, Deus não é Deus dos mortos, mas dos vivos (cf. Mt 22,32).

Em sua carta aos fiéis de Roma e a todos nós, Paulo afirma:

> Se, porém, Cristo está em vós, embora vosso corpo esteja morto por causa do pecado, vosso espírito está cheio de vida, graças à justiça. E se o espírito daquele que ressuscitou Cristo dentre os mortos habita em vós, aquele que ressuscitou Cristo dentre os mortos vivificará também vossos corpos mortais, pelo seu Espírito que habita em vós (cf. Rm 8,10-11).

Ao chamar Lázaro da morte para a vida (cf. Jo 11,43), Cristo se apresenta como o Senhor da morte e da vida. Como naquela ocasião, também agora Jesus ordena que tirem a pedra que nos mantém reféns do pecado e da morte, tolhendo a liberdade de viver como homens novos (cf. Cl 3,9). Liberta-nos da escravidão da morte, manda retirar os lençóis mortuários da inércia espiritual e ordena: "Desamarrai-o e deixai-o ir" (cf. Jo 11,44).

O batismo constitui o início do novo caminho que nos conduz à ressurreição. Através dele, o Espírito nos purifica do velho fermento para sermos nova massa por obra de Cristo ressuscitado (cf. 1Cor 5,7). Despimo-nos do homem velho com suas práticas maléficas e nos revestimos do homem novo, que se renova segundo a imagem do Criador (cf. Cl 3,9-10).

A vitória de cada ser humano sobre a morte, graças ao poder de Cristo ressuscitado, constitui, a seu tempo, a vitória de toda a humanidade. Na perspectiva cristã, a história da humanidade, se estiver unida a Cristo, apesar de todos os contratempos, não caminha para o caos, mas para a exaltação final.

> Quando este ser corruptível estiver revestido de incorruptibilidade e este ser mortal estiver vestido de imortalidade, então estará cumprida a palavra da Escritura: "A morte foi tragada pela vitória; onde está, ó morte, a tua vitória? Onde está, ó morte, o teu aguilhão?" (cf. 1Cor 15,54-55).

Rezando com a Igreja

Salmo 130

No Senhor, toda a graça e redenção!

Das profundezas eu clamo a vós, Senhor,
escutai a minha voz!
Vossos ouvidos estejam bem atentos
ao clamor de minha prece!

Se levardes em conta nossas faltas,
quem haverá de subsistir?
Mas em vós se encontra o perdão,
eu vos temo e em vós espero.

No Senhor ponho a minha esperança,
espero em sua palavra.
A minha alma espera no Senhor
mais que o vigia pela aurora.

Espere Israel pelo Senhor,
mais que o vigia pela aurora!
Pois no Senhor se encontra toda graça,
copiosa redenção.

Ele vai libertar Israel
de toda a sua culpa.

Senhor, queremos ver Jesus
(Jo 12,21)

Ano B – Quinto domingo da Quaresma

O desejo de ver Jesus não foi apenas uma aspiração dos gregos citados no Evangelho. Em todos os tempos, gerações inteiras de cristãos tiveram a mesma vontade. Em nossos dias, não é diferente. Talvez essa ânsia explique o aparecimento de tantas seitas religiosas lideradas, muitas vezes, por visionários que afirmam ter visto Jesus e ter tido revelações especiais. Várias dessas seitas se opõem claramente à autêntica Tradição cristã, recebida dos apóstolos mediante a Sagrada Escritura e a sucessão apostólica.

Infelizmente, muitos interpretam a Bíblia segundo seus interesses, absolutamente descomprometidos com a veracidade do Evangelho. O dever e a missão de interpretar corretamente a Sagrada Escritura foi entregue à Igreja de Jesus Cristo, que, ao fazê-lo, está atenta à inspiração do Espírito Santo, às definições dos concílios ecumênicos, ao ensinamento constante do Magistério eclesial, às reflexões teológicas que iluminaram a Tradição viva por meio da história da Igreja em todos os tempos, à autenticidade das celebrações do mistério de Cristo, ao senso comum dos fiéis e aos sinais dos tempos.

Ver Jesus não é, em primeiro lugar, uma iniciativa humana, mas obra da graça divina:

> Um dia chegará — oráculo do Senhor —, quando hei de fazer uma nova Aliança com a casa de Israel e a casa de Judá. Não será como a Aliança que fiz com os seus pais, quando pela mão os peguei para tirá-los do Egito. Essa Aliança eles quebraram, mas continuei Senhor deles — oráculo do Senhor. Esta é a Aliança que farei com a casa de Israel a partir daquele dia — oráculo do Senhor: colocarei a minha lei no seu coração, vou gravá-la em seu coração, serei o Deus

deles, e eles o meu povo. Ninguém mais precisará ensinar seu irmão, dizendo-lhe: procura conhecer o Senhor! Do menor ao maior, todos me conhecerão — oráculo do Senhor. Já terei perdoado suas culpas, de seu pecado nunca mais me lembrarei (cf. Jr 31,31-34).

O conhecimento de Jesus passa pela inspiração do Espírito Santo. Não se trata de mero conhecimento externo, superficial — mesmo os judeus que não aceitaram Jesus o tinham —, mas de uma percepção e uma aceitação interiores, que conduzem ao seguimento de Jesus. O verdadeiro conhecimento de Cristo exige a obediência da cruz (cf. Hb 5,8). Somente assim este discipulado se torna causa de salvação eterna (cf. Hb 5,9).

Aos gregos, levados por Filipe e André, Jesus expõe várias exigências para seu seguimento: "Em verdade, em verdade vos digo: se o grão de trigo que cai na terra não morre, fica só. Mas, se morre, produz muito fruto. Quem se apega à sua vida, perde-a; mas quem não faz conta de sua vida neste mundo, há de guardá-la para a vida eterna" (cf. Jo 12,24-25).

O conhecimento de Jesus requer, em nós, a morte de todo e qualquer apego. Morre o egoísmo para nascer a comunidade. Onde os interesses particulares imperam, não há espaço para a solidariedade. Lá onde falamos em exclusivismos, não subsiste a caridade, não se constrói para a vida eterna (cf. Jo 12,25). Ver Jesus é dispor-se ao serviço em seu Reino (cf. 12,26). Fora desse contexto, nenhum conhecimento de Jesus produz frutos de salvação; soa como o trovão, que assusta, mas não converte (cf. Jo 12,29).

O encontro autêntico com Jesus nos leva a ouvir a voz do Pai: "Eu já o glorifiquei e o glorificarei de novo" (cf. Jo 12,28). Sim. Cristo será sempre de novo glorificado lá onde for amado e seguido como Mestre, à luz de sua paixão, morte e ressurreição.

Rezando com a Igreja

Salmo 50

Cria em mim um coração que seja puro.

Tende piedade, ó meu Deus, misericórdia!
Na imensidão de vosso amor, purificai-me!
Lavai-me todo inteiro do pecado,
E apagai completamente a minha culpa.

Criai em mim um coração que seja puro,
Dai-me de novo um espírito decidido.
Ó Senhor, não me afasteis de vossa face,
Nem retireis de mim vosso Santo Espírito!

Dai-me de novo a alegria de ser salvo
E confirmai-me com espírito generoso!
Ensinarei vosso caminho aos pecadores,
E para vós se voltarão os transviados.

Vai, e de agora em diante não peques mais
(Jo 8,11)

Ano C – Quinto domingo da Quaresma

Em toda a Sagrada Escritura, desde as narrativas do Gênesis até a mensagem do Apocalipse, percebe-se que o pecado constitui uma atitude de não-aceitação de Deus por parte do ser humano. O pecado afasta a criatura do Criador. Qual filho pródigo, o ser humano parte para uma aventura de autolibertação; não aceita mais depender de Deus como o barro na mão do oleiro (cf. Is 64,8). A graça divina, quando acolhida, liberta-nos da tentação da auto-suficiência e nos aproxima de Deus. O pecador que aceita a mensagem de Jesus e acolhe sua palavra produzirá muitos frutos.

"Vai, e não peques mais" (cf. Jo 8,11). O retorno à casa do Pai é sempre um convite à mudança de vida. Certamente, os pecadores aos quais Cristo concedeu o perdão tiveram outras quedas, mas jamais se esquecerão do seu acolhimento e do seu perdão. O caminho da reconciliação é tão doloroso quanto o da separação; no entanto, sempre é possível retornar, porque Deus torna novas todas as coisas, também nosso pecado (cf. Is 43,19). Deus é capaz de fazer surgir águas no deserto, desde que abramos o coração à sua graça (cf. Is 43,20). O salmista percebe o poder da graça divina quando suplica: "Criai em mim, ó Deus, um coração puro, renovai em mim um propósito firme" (cf. Sl 51,12).

A misericórdia divina é mais forte do que o pecado; em Jesus o Pai oferece o perdão.

> É desse modo que, em Cristo e mediante Cristo, Deus, com sua misericórdia, se torna também particularmente visível; isto é, põe-se em evidência aquele atributo da divindade, que já o Antigo Testamento, servindo-se de diversos conceitos e termos, tinha definido como "misericórdia". Cristo atribui a toda a tradição do Antigo Testamento quanto à misericórdia divina um significado definitivo (cf. João Paulo II. Carta encíclica sobre a misericórdia divina, n. 2).

Exatamente no momento de maior dor sobre a cruz, Jesus revela a misericórdia do Pai. A cruz de Cristo se nos apresenta no caminho da santificação como admirável comunicação entre Deus e o homem. A cruz é o instrumento de salvação e glorificação. Em Cristo, o amor é mais forte do que a morte (cf. 1Cor 15,54-55). O seu Espírito renovará a face da terra (cf. Sl 104,30). Nesse sentido, tudo é perda fora de Cristo.

> Essas coisas que eram ganhos para mim, considerei-as prejuízo por causa de Cristo. Mais que isso, julgo que tudo é prejuízo diante deste bem, meu Senhor. Por causa dele, perdi tudo e considero tudo como lixo, a fim de ganhar Cristo e ser encontrado unido a ele (cf. Fl 3,7-9).

Jesus acolhe a pecadora pública, mas adverte: "Vai, e não peques mais" (cf. Jo 8,11). Não temos o direito de atirar pedras, porque todos nós temos necessidade de perdão, vida plena e divina graça. Não nos iludamos: somos pecadores que buscam a salvação de Cristo. O primeiro passo rumo à conversão é exatamente a tomada de consciência dos nossos limites humanos.

Rezando com a Igreja

Salmo 126

*Maravilhas fez conosco o Senhor,
exultemos de alegria!*

Quando o Senhor reconduziu nossos cativos,
parecíamos sonhar;
encheu-se de sorriso nossa boca,
nossos lábios, de canções.

Entre os gentios se dizia:
maravilhas fez com eles o Senhor!
Sim, maravilhas fez conosco o Senhor,
exultemos de alegria!

Mudai a nossa sorte, ó Senhor,
como torrentes no deserto.
Os que lançam as sementes entre lágrimas,
ceifarão com alegria.

Chorando de tristeza sairão,
espalhando suas sementes;
cantando de alegria voltarão,
carregando seus feixes!

Ninguém te condenou? Eu também não te condeno: não peques mais
(Jo 8,10-11)

Quinta semana da Quaresma
Segunda-feira

Susana é símbolo da honestidade que é exaltada, em contraposição à vida do ímpio que acaba sendo condenada (cf. Dn 13,1-62). A mulher adúltera, por sua vez, embora sendo pecadora, reconhece humildemente sua culpa, se arrepende e recebe o perdão (cf. Jo 8,1-11). Na constatação diária dos fatos, no entanto, nem sempre a justiça é feita: há tantos justos condenados pela impiedade reinante, existem tantas pessoas que se entregam à prática do mal e consideram isso absolutamente normal...

Há, contudo, algo em comum entre ambos os símbolos: Susana é inocente e põe sua esperança na justiça do Senhor; a adúltera, embora pecadora, confia igualmente no Senhor Jesus. Quem se confia à misericórdia divina jamais conhecerá a desilusão. Ainda que a justiça humana possa errar, o amor de Deus derramará sua misericórdia sobre aquele que põe sua confiança em Deus. O desejo, a resolução e a conversão do coração, acompanhados da dor sincera por ter ofendido a Deus, são condições necessárias para atrair seu amor e seu perdão (cf. *Catecismo da Igreja Católica*, n. 1431). Quando brota do amor de Deus, amado acima de tudo, a contrição é perfeita, e perdoa os pecados (*Catecismo da Igreja Católica*, n. 1452).

Todos somos pecadores: atire a primeira pedra quem não tem pecado! O perdão de Jesus reabilita a pecadora, abrindo para ela a possibilidade de uma vida nova. Existe em cada um de nós forte tendência de julgar e condenar as pessoas, segundo nosso critério de moralidade. Contudo não somos melhores do que ninguém. Deus é o único que nos pode julgar, porque nos conhece por dentro, no mais íntimo do nosso ser. "Não julgueis para não serdes julgados" (cf. Mt 7,1). Na Paixão redentora de Cristo, a misericórdia supera o julgamento. Por isso, haverá mais alegria no céu por um só pecador que se converta do que por noventa e nove justos que não precisam de penitência (cf. Lc 15,7).

A misericórdia divina é celebrada de modo maravilhoso na sagrada liturgia:

> Vós, Deus de ternura e de bondade, nunca vos cansais de perdoar. Ofereceis vosso perdão a todos, convidando os pecadores a se entregarem confiantes à vossa misericórdia. Jamais nos rejeitastes, quando quebramos a vossa Aliança, mas, por Jesus, vosso Filho e nosso irmão, criastes com a família humana novo laço de amizade, tão estreito e forte que nada poderá romper (cf. *Oração eucarística da reconciliação* I).

"Não peques mais" é o apelo de Jesus a cada pecador. Só ele pode condenar, *o justo e santo*; e ele perdoa. O perdão supera o ódio, porque nasce de Deus. O ódio divide as pessoas, semeia mútuas acusações, ergue muros que impedem qualquer aproximação. Caríssimos, amemo-nos uns aos outros, porque o amor vem de Deus, e todo aquele que ama nasceu de Deus e conhece Deus. Quem não ama, não chegou a conhecer Deus, pois Deus é amor (cf. 1Jo 4,7-8). Só o amor possibilita o perdão e constrói a fraternidade universal.

Rezando com a Igreja

Hino da Quaresma

Eis o tempo de penitência,
de conversão e de salvação!

Ó Cristo, sol da justiça,
brilhai nas trevas da mente.
Com força e luz reparai
a criação novamente.

Dai-nos no tempo aceitável
um coração penitente,
que se converta e acolha
o vosso amor paciente.

A penitência transforme
tudo o que em nós há de mal.
É bem maior que o pecado
o vosso dom sem igual.

Um dia vem, novo dia,
e tudo então refloresce.
Nós, renascidos na graça,
exultaremos em prece.

A vós, Trindade clemente,
com toda a terra adoramos,
e no perdão renovados
um canto novo cantamos!

Quando tiverdes elevado o Filho do Homem, então sabereis quem eu sou
(Jo 8,28)

Quinta semana da Quaresma
Terça-feira

Do alto da cruz, Jesus volta-se para o Pai num gesto de entrega total e coroa sua obra, realizando em plenitude a vontade do Pai. Jesus crucificado dirige também seu olhar para a humanidade inteira, um olhar cheio de misericórdia e compaixão. Finalmente, o Filho de Deus feito homem perfaz sua missão redentora: é o Cordeiro de Deus que tira o pecado do mundo (cf. Jo 1,29). Encerra a missão que o Pai lhe havia confiado. Caifás tinha aconselhado aos judeus: "É conveniente que um só morra pelo povo" (cf. Jo 18,14). O próprio Jesus dissera: "Se o grão de trigo que cai na terra não morre, fica só; mas, se morre, produz muito fruto" (cf. Jo 12,24).

Os frutos de sua morte foram superabundantes: a criação inteira foi resgatada do pecado e da morte. Todos os que olharem para Jesus crucificado com fé e estiverem arrependidos dos seus pecados alcançarão o perdão e a vida eterna.

> A fé em Cristo crucificado há de levar a um passo adiante. Remido pela cruz, deve o cristão convencer-se de que sua própria vida tem de ser marcada — e não só simbolicamente — pela cruz do Senhor, isto é, deve viver na cruz. *Se alguém quer servir-me, siga-me; e onde eu estiver, estará também aquele que me serve* (cf. Jo 12,26). E Jesus está na cruz (cf. GABRIEL DE SANTA MARIA MADALENA. *Intimidade divina*. São Paulo, Loyola, 1990. p. 261).

Do alto da cruz se entende melhor a extensão do mistério da iniqüidade; compreende-se, igualmente, o alcance do mistério da piedade:

> A tarefa fundamental da Igreja de todos os tempos, e de modo particular do nosso, é a de dirigir o olhar do ser humano e endereçar a consciência e a experiência de toda a humanidade para o Mistério de Cristo, além de ajudar todos os seres humanos a ter familiaridade com a profundidade da redenção que se realiza em Cristo Jesus (cf. JOÃO PAULO II. Carta encíclica *O redentor do homem*, n. 10).

Há tantos olhares que nascem tão-somente da curiosidade! Outros traduzem a angústia de corações sem paz. Há olhares que deixam transparecer desprezo, ironia, ódio, inveja. Contudo, há olhares de compaixão, de amor, de entrega, de redenção. Quantos, naquela Sexta-feira Santa, olhando para Jesus crucificado, viram apenas mais um sentenciado que pagava com seu sangue algum crime cometido. Feliz de quem, indo além de todas as aparências, reconheceu, como o bom ladrão, o próprio Filho de Deus entregando sua vida pela redenção do mundo. Sem a fé, é impossível agradar a Deus. Sem a fé em Cristo crucificado, o Cordeiro de Deus que tira o pecado do mundo, não há redenção.

Uma vez mais fica patente que só mediante a fé se pode alcançar o mistério de Cristo e compreender sua personalidade e sua mensagem. O maior pecado é, sem dúvida, fechar a vontade e o coração à verdade.

> O testemunho forte da fé cristã, o tomar partido pelo Evangelho, a caridade pelos irmãos, especialmente pelos mais esquecidos, é atitude necessária e de perene atualidade. Esta confissão não se reserva somente para as situações-limite de perseguição religiosa oficial e aberta, cujo final é a prisão, a tortura e até a morte (cf. B. CABALLERO. *A palavra de cada dia*. São Paulo, Paulus, 2000. p. 150).

Rezando com a Igreja

Laudes – Quinta semana da Quaresma

Imploremos a Cristo Senhor, que nos mandou vigiar e orar para não cairmos em tentação, e digamos confiantemente:

Ouvi-nos, Senhor, e tende piedade!

Cristo Jesus, que prometestes estar presente no meio daqueles que se reúnem para orar em vosso nome, ensinai-nos a orar sempre convosco ao Pai no Espírito Santo. Rezemos.

Celeste esposo, purificai de todo pecado vossa santa Igreja e fazei que ela viva sempre na esperança e na alegria do Espírito Santo. Rezemos.

Amigo do ser humano, tornai-nos solícitos pelo bem do próximo como nos mandastes, a fim de que, por meio de nós, brilhe para todos a luz da vossa salvação. Rezemos.

Pai pacífico, dai ao mundo a vossa paz, para que em toda parte se faça mais sensível vossa presença salvadora. Rezemos.

Abri as portas da bem-aventurança eterna a todos os que morrem, e admiti-os na glória da eternidade. Rezemos.

Pai nosso...

Concedei-nos, ó Deus, perseverar no vosso serviço para que, em nossos dias, cresça em número e santidade o povo que vos serve. Por nosso Senhor Jesus Cristo, vosso Filho, na unidade do Espírito Santo. Amém!

Se o Filho vos libertar, sereis verdadeiramente livres
(Jo 8,36)

Quinta semana da Quaresma
Quarta-feira

O livro do profeta Daniel conta o testemunho corajoso dos três jovens que preferiram a morte a se entregar à idolatria. O Senhor Deus vem e os liberta da fornalha ardente, convertendo até mesmo o rei Nabucodonosor (cf. Dn 3,95). Em toda a Escritura do Antigo Testamento, o povo busca a libertação dos reis opressores e do pecado que o mantém escravo da auto-suficiência. Cada vez que Israel busca a liberdade fora de Iahweh, torna-se sempre mais escravo.

Cristo é o verdadeiro libertador.

> Jesus é, pois, a síntese viva e pessoal da perfeita liberdade na obediência total à vontade de Deus. A sua carne crucificada é a plena revelação do vínculo indissolúvel entre liberdade e verdade, tal como a sua ressurreição da morte é a suprema exaltação da fecundidade e da força salvífica de uma liberdade vivida na verdade (cf. JOÃO PAULO II. Carta encíclica *O esplendor da verdade*, n. 87).

Se permanecermos fiéis à sua palavra, a verdade vai nos libertar (cf. Jo 8,31-32), pois ele é o Caminho, a Verdade e a Vida (cf. Jo 14,6). Cristo é a luz que ilumina nossos passos (cf. Jo 1,9). A verdade vai nos libertar (cf. Jo 8,32). A Pilatos Jesus afirma que veio ao mundo para dar testemunho da verdade (cf. Jo 18,37). No encontro com a samaritana, diz que os verdadeiros adoradores devem adorar a Deus em espírito e verdade (cf. Jo 4,23). Chamados à salvação pela fé em Cristo Jesus, a luz verdadeira que tudo ilumina, os seres humanos tornam-se filhos da luz (cf. Ef 5,8) e santificam-se pela obediência à verdade (cf. 1Pd 1,22).

Urge recuperar e repropor o verdadeiro rosto da fé cristã, que não é simplesmente um conjunto de proposições a serem acolhidas e ratificadas com a mente. Trata-se, antes, de um conhecimento existencial de Cristo, uma memória viva dos seus mandamentos, uma verdade a ser vivida. Aliás, uma palavra só é inteiramente acolhida quando se traduz em atos, quando é posta em prática. A fé é uma decisão que compromete toda a existência. É encontro, diálogo, comunhão de amor e de vida do crente em Jesus Cristo, Caminho, Verdade e Vida. Comporta um ato de intimidade e abandono a Cristo, fazendo-nos viver como ele viveu, ou seja, no amor pleno a Deus e aos irmãos (cf. JOÃO PAULO II. Carta encíclica *O esplendor da verdade*, n. 88).

Devemos ter sempre em mente a expressão de fé dos três jovens: "Se o nosso Deus, a quem rendemos culto, pode livrar-nos da fornalha ardente, ele também poderá libertar-nos de tuas mãos, ó rei" (cf. Dn 3,17).

A verdade liberta e a mentira escraviza. Da mesma maneira que o pecado. Temos de optar entre uma e outra. O próprio Cristo é a verdade que nos torna livres da mentira, do ódio, dos pré-julgamentos e do pecado. É o Filho que nos estabelece na autêntica linhagem de Abraão pela fé; mais ainda: é Cristo que nos faz filhos de Deus e irmãos dos seres humanos. Para isso temos de guardar a sua palavra, porque, se não aceitarmos as suas palavras, permaneceremos escravos do pecado e da mentira, cujo pai é o diabo (cf. B. CABALLERO. *A palavra de cada dia*. São Paulo, Paulus, 2000. p. 156).

Rezando com a Igreja

Daniel 3

A vós louvor, honra e glória eternamente!

Sede bendito, Senhor Deus de nossos pais.
A vós louvor, honra e glória eternamente!
Sede bendito, nome santo e glorioso.
A vós louvor, honra e glória eternamente!

No templo santo, onde refulge a vossa glória.
A vós louvor, honra e glória eternamente!
Em vosso trono de poder vitorioso.
A vós louvor, honra e glória eternamente!

Sede bendito, vós que sondais as profundezas.
A vós louvor, honra e glória eternamente!
E superior aos querubins vos assentais.
A vós louvor, honra e glória eternamente!

Sede bendito no celeste firmamento.
A vós louvor, honra e glória eternamente!
Obras todas do Senhor, glorificai-o.
A vós louvor, honra e glória eternamente!

Vosso pai Abraão exultou por ver o meu dia
(Jo 8,56)

Quinta semana da Quaresma
Quinta-feira

"Se alguém guardar a minha palavra, jamais verá a morte" (cf. Jo 6,51). As palavras de Jesus são portadoras de salvação e vida, porque são espírito e vida (cf. Jo 6,53). Jesus é, por excelência, a Palavra viva do Pai, fonte perene de salvação e verdade. A observância da palavra não destrói a liberdade, como poderia parecer à primeira vista; ao contrário, confere-lhe pleno exercício.

A obediência a Deus sustenta e confere à liberdade humana sua mais plena dignidade.

> A obediência defende o ser humano da volubilidade de seus caprichos, das fraquezas e incertezas de sua vontade, da escravidão do pecado e do mundo, para entregá-lo totalmente livre à vontade santa de Deus, à observância plena de sua palavra. Quanto mais entrar o ser humano, pela obediência, na vontade de Deus e nela viver, tanto mais passa do estado de escravidão ao de liberdade, e tanto mais participa da própria liberdade de Deus (cf. GABRIEL DE SANTA MARIA MADALENA. *Intimidade divina*. São Paulo, Loyola, 1990. p. 267).

O autor da Carta aos Hebreus faz apologia da fé dos heróis do Antigo Testamento. Referindo-se ao patriarca Abraão, afirma:

> Pela fé, Abraão obedeceu à ordem de partir para uma terra que devia receber como herança e partiu, sem saber para onde iria. Pela fé, ele viveu como migrante na terra prometida, morando em tendas com Isaac e Jacó, os co-herdeiros da mesma promessa. Pois esperava a cidade de sólidos alicerces, que tem Deus mesmo como arquiteto e construtor (cf. Hb 11,8-10).

> O convite à fé não se reduz à manifestação exterior pela linguagem e pelos sinais de poder; tem também uma dimensão mais profunda, obra do Espírito. Deus não apenas dá, pelo Cristo, o Evangelho; dá-nos também a força para a adesão (cf. René Latourelle. *Teologia da revelação*. São Paulo, Paulus, 1972. p. 500).

O grande problema para os judeus é o da descoberta da personalidade divina de Jesus Cristo. Aliás, essa dificuldade se estende pelos séculos e está presente em nossos dias. É relativamente fácil aceitar Jesus como um taumaturgo, até mesmo como um profeta, um homem de vida coerente e, ao mesmo tempo, fascinante. No entanto, a pessoa de Cristo vai além: ele é o Filho de Deus feito homem, o interlocutor natural e único entre o Pai e a humanidade. Nele o Pai se revela. Ele é causa e autor da revelação, pois a revelação origina-se tanto do Cristo como do Pai e do Espírito. Cristo é Deus que se revela e o Deus revelado.

A Palavra de Deus é, pois, ativa, criadora, eficaz e penetrante como uma espada de dois gumes (cf. Hb 4,12). Por meio de sua Palavra, Deus entra em contato com a humanidade e estabelece diálogo interpessoal com cada ser humano.

> Muitas vezes e de muitos modos, Deus falou outrora aos nossos pais pelos profetas. Nesse dias, que são os últimos, falou-nos por meio do Filho, a quem constituiu herdeiro de todas as coisas e pelo qual também criou o universo (cf. Hb 1,1-2).

Em Jesus, a palavra do Pai está presente e visível não só quando ele esteve corporalmente entre nós, mas também através dos séculos e em nossos dias mediante a Igreja, de modo especial ao assumir a causa dos empobrecidos e injustiçados e exercer sua missão profética em favor da plena realização do Reino de Deus entre nós.

Rezando com a Igreja

Salmo 105

O Senhor se lembra sempre de sua Aliança.

Procurai o Senhor Deus e seu poder,
buscai constantemente sua face!
Lembrai as maravilhas que ele fez,
seus prodígios e as palavras de seus lábios!

Descendentes de Abraão, seu servidor,
filhos de Jacó, seu escolhido,
ele mesmo, o Senhor, é nosso Deus,
vigoram suas leis em toda a terra.

Ele sempre se recorda da Aliança,
promulgada a incontáveis gerações;
da Aliança que ele fez com Abraão
e do seu santo juramento a Isaac.

O Senhor está ao meu lado, como forte guerreiro
(Jr 20,11)

Quinta semana da Quaresma
Sexta-feira

A profecia de Jeremias é tão atual, que parece ser dirigida à humanidade de agora. Naquele tempo (ano 627 a.C.), como hoje, aqueles que procuram seguir os caminhos do bem e da justiça são freqüentemente vilipendiados. O mal triunfa por toda parte, marginalizando os que buscam ser fiéis à sua própria consciência e a Deus. "Todos aqueles que parecem meus amigos esperam um tropeço meu" (cf. Jr 20,19). O profeta sente o peso de sua missão: "Tu me seduziste, Senhor, e eu me deixei seduzir! Foste mais forte do que eu e me subjugaste" (cf. Jr 20,7).

Essa foi também a sorte de Jesus Cristo: como Jeremias, ele não foi aceito pelos sacerdotes e pelos homens da lei. "Vós morrereis no vosso pecado" (cf. Jo 8,21). De fato, os judeus não encontram motivos consistentes para condenar Jesus: "Por ordem do Pai, mostrei-vos muitas boas obras. Por qual delas me quereis apedrejar?" (cf. Jo 10,32). A fé em Cristo não é uma ideologia, mas, sobretudo, uma atitude moral, um encontro do qual nasce um compromisso de vida. A Igreja, enquanto continua a missão de Cristo, confia na força do Espírito Santo e na educação para a liberdade e passa pelas mesmas provações.

> Na força da consagração messiânica do batismo, o Povo de Deus é convidado a servir ao crescimento do Reino nos demais povos. É enviado como o povo profético que anuncia o Evangelho ou faz o discernimento das vozes do Senhor no coração da história. Anuncia, onde se manifesta a presença de seu Espírito. Denuncia, onde opera o mistério da iniqüidade, mediante fatos e estruturas que

impedem uma participação mais fraterna na construção da sociedade e no desfrutar dos bens que Deus criou para todos (cf. *Documento de Puebla*, n. 267).

O apóstolo Paulo faz referência às dificuldades enfrentadas no seguimento de Cristo: "Querer o bem está ao meu alcance, não, porém, realizá-lo. Não faço o bem que quero, mas faço o mal que não quero. Infeliz que sou! Quem me libertará deste corpo de morte? Graças sejam dadas a Deus por Jesus Cristo, nosso Senhor" (cf. Rm 7,18-19.24-25). No mesmo sentido, Pedro exorta a confiar em Deus, lançando nele todas as nossas preocupações (cf. 1Pd 5,7).

Todos nós passamos por tribulações e sofrimentos. O mundo não está dividido entre pessoas que sofrem e outras que não sofrem, mas entre pessoas que dão sentido ao seu sofrimento por meio da fé em Jesus Cristo e outras que não têm fé.

> Todavia, às vezes, pode a angústia tornar-se tão profunda a ponto de deixar-nos quase esmagados. Bom é recordar, então, que no Getsêmani foi também Jesus oprimido pelo sofrimento até suar sangue e clamar: *Minha alma está triste até a morte* (cf. Mt 26,38). Embora Filho de Deus, ele mesmo quis experimentar em si todo o medo, o terror, a repugnância da natureza humana ante o sofrimento (cf. GABRIEL DE SANTA MARIA MADALENA. *Intimidade divina*. São Paulo, Loyola, 1990. p. 269).

A certeza da presença constante de Deus, particularmente no momento da dor, nos dará, igualmente, forças e coragem para levar até o fim nossa consagração a Jesus Cristo, nosso *irmão* maior.

Rezando com a Igreja

Hino da Quaresma

Cristo por nós foi tentado,
sofreu e na cruz morreu:
vinde, adoremos!

Humildes, ajoelhados
na prece que a fé inspira,
ao justo juiz roguemos
que abrande o rigor da ira.

Ferimos por nossas culpas
o vosso infinito amor.
A vossa misericórdia
do alto infundi, Senhor!

Nós somos, embora frágeis,
a obra de vossa mão;
a honra do vosso nome
a outros não deis em vão.

Senhor, destruí o mal,
fazei progredir o bem;
possamos louvar-vos sempre,
e dar-vos prazer também.

Conceda o Deus Uno e Trino,
que a terra e o céu sustêm,
que a graça da penitência
dê frutos em nós. Amém!

É melhor que um morra pelo povo
(Jo 11,49)

Quinta semana da Quaresma
Sábado

Referindo-se ao sofrimento e à entrega do Messias em favor do povo, Isaías anuncia:

> Era desprezado e abandonado pelos homens, homem sujeito à dor, familiarizado com o sofrimento como pessoa de quem escondemos o rosto; desprezado, não fazíamos nenhum caso dele. E no entanto eram nossos sofrimentos que ele levava sobre si, nossas dores que carregava. Mas nós o tínhamos como vítima de castigo, ferido por Deus e humilhado. Mas foi traspassado por causa de nossas transgressões (cf. Is 53,3-5).

O Servo de Iahweh já não tinha mais aparência, mas foi ferido por causa de nossos pecados, esmagado por causa de nossos crimes (cf. Is 52,5).

A morte de Cristo está cada vez mais iminente. A cruz já se desenha no horizonte e vai se constituindo como desfecho da entrega de Jesus, o Cordeiro que tira o pecado do mundo. Ontem como hoje, a cruz é loucura para os que se perdem, mas, para os que se salvam, é força de Deus (cf. 1Cor 1,18). No entanto, foi este o caminho seguido por Jesus.

> Cumpriu Cristo a obra da reconciliação, com Deus, do gênero humano, quando chegou ao máximo aniquilamento em tudo: quanto à sua reputação, reduzida a nada aos olhos do ser humano, que, vendo-o morrer na cruz, longe de estimá-lo, zombava dele; quanto à natureza, pois nela se aniquilava morrendo; quanto ao auxílio e conforto do Pai que, naquele momento, o abandonou... Compreenda agora a pessoa espiritual o mistério desta porta e deste caminho — Cristo — e saiba que, quanto mais se aniquilar por Deus, tanto mais se unirá a ele e maior obra fará (cf. SÃO JOÃO DA CRUZ. S II, 7,11. In: GABRIEL DE SANTA MARIA MADALENA. *Intimidade divina*. São Paulo, Loyola, 1990. p. 272).

Chega ao fim o tempo da Quaresma. A liturgia traçou um itinerário pedagógico que nos acompanhou desde a Quarta-feira de Cinzas até desembocar na Semana Santa. Os grandes temas propostos à nossa meditação nos ajudaram a compreender que os caminhos de Deus nem sempre são os que percorremos; que nossos pensamentos não são os do Senhor (cf. Is 55,8). Fomos convidados, insistentemente, à conversão. Pudemos seguir os passos de Jesus e dele aprender como realizar a vontade do Pai, atentos ao testemunho de Paulo:

> Nós, porém, proclamamos Cristo crucificado, escândalo para os judeus e loucura para os pagãos. Mas, para os que são chamados, tanto judeus como gregos, Cristo é poder de Deus. Pois o que é loucura de Deus é mais sábio que os homens, e o que é fraqueza de Deus é mais forte do que os homens (cf. 1Cor 1,23-25).

Jesus avança, corajosamente, para sua paixão e morte, consciente de que esta é a vontade do Pai. Na cruz, pregado entre dois ladrões, ele clama: *tudo está consumado*. E entrega seu espírito. O Filho de Deus, que se encarnou para nossa redenção, termina sua obra como cabeça do seu corpo, que é a Igreja; tem início a paixão dos seus discípulos, a via-sacra da Igreja.

Rezando com a Igreja

Hino da Semana Santa

O fel lhe dão por bebida
sobre o madeiro sagrado.
Espinhos, cravos e a lança
ferem seu corpo e seu lado.
No sangue e água que jorram,
mar, terra e céu são lavados.

Ó cruz fiel, sois a árvore
mais nobre em meio às demais,
que selva alguma produz
o lenho e cravos tão doces,
com flor e frutos iguais,
um doce peso levais.

Árvore, inclina teus ramos,
abranda as fibras mais duras.
A quem te fez germinar,
minora tantas torturas,
leito mais brando oferece
ao santo Rei das alturas.

Só tu, cruz, mereceste
suster o preço do mundo
e preparar para o náufrago
um porto, em mar tão profundo.
Quis o Cordeiro imolado
banhar-te em sangue fecundo.

Glória e poder à Trindade.
Ao Pai e ao Filho louvor.
Honra ao Espírito Santo.
Eterna glória ao Senhor,
que nos salvou pela graça
e nos remiu pelo amor.

Semana Santa

Tanto os que iam na frente como os que vinham atrás começaram a gritar: "Hosana a Deus! Que Deus abençoe aquele que vem em nome do Senhor".
(Mc 11,9)

Bendito o que vem em nome do Senhor
(Mt 21,9)

Domingo de Ramos

A celebração de domingo de Ramos é composta de dois momentos: o primeiro, de exultação e alegria; o segundo, de sofrimento e dor. Sentado num jumentinho, Jesus entra solenemente na cidade de Jerusalém, enquanto o povo que ia à frente e atrás estendia ramos e mantos e aclamava: "Hosana ao Filho de Davi! Bendito o que vem em nome do Senhor! Hosana no mais alto dos céus" (cf. Mt 21,9). Os que acompanhavam o cortejo e os próprios habitantes da cidade não imaginavam que, alguns dias depois, outros gritos seriam ouvidos nas ruas de Jerusalém: "Crucifica-o! Crucifica-o!" (cf. Jo 19,6).

Jesus é Rei, mas diferente dos demais reis. Seu Reino não é deste mundo (cf. Jo 18,36), nem visa ao poder, não oprime seus súditos, nem usa subterfúgios para dominar. "Seu Reino eterno e universal, Reino da verdade e da vida, Reino da santidade e da graça, Reino da justiça, do amor e da paz" (cf. *Prefácio da solenidade de Cristo Rei*). As aclamações espontâneas do povo, no entanto, não agradaram aos que detinham o poder, aos sacerdotes e mestres da lei. Certamente, muitos dos que aclamavam Jesus não o faziam por convicção, mas por influência da massa humana, como acontece ainda hoje; por isso mesmo, dias depois, também sem convicção, pedirão a morte de Jesus.

A Paixão e Morte de Cristo se apresentam como caminho necessário para a vitória definitiva.

Por isso Deus, soberanamente, o elevou e lhe conferiu o Nome que está acima de todo nome, a fim de que, ao Nome de Jesus, todo joelho se dobre nos céus, sobre a terra e sob a terra, e que toda língua proclame que o Senhor é Jesus Cristo para a glória de Deus Pai (cf. Fl 2,9-11).

A Paixão foi para Jesus Cristo a hora do testemunho supremo de toda a sua vida. Tendo amado os seus que estavam no mundo, amou-os até o fim (cf. Jo 13,1). Amou-nos até não mais poder! Deu sua vida por todos, também pelos inimigos (cf. Jo 15,12s). Jesus nos ensinou o verdadeiro amor, que não faz acepção de pessoas, que sofre pela salvação de toda a humanidade. Se morrermos com ele, viveremos com ele (cf. Rm 6,8).

> Só um amor infinito pode explicar as desconcertantes humilhações do Filho de Deus. *Cristo, embora sendo de condição divina, não se prevaleceu de sua igualdade com Deus; aniquilou-se a si mesmo, assumindo a condição de escravo* (cf. Fl 2,6-7). Na Paixão, leva Cristo ao limite extremo a abnegação de seus direitos divinos: não só os oculta sob as aparências da natureza humana, mas a eles renuncia até submeter-se ao suplício da cruz e expor-se aos insultos mais amargos: *Salvou os outros, e a si mesmo não pode salvar! Que o Cristo, rei de Israel, desça agora da cruz, para que vejamos e creiamos!* (cf. GABRIEL DE SANTA MARIA MADALENA. *Intimidade divina*. São Paulo, Loyola, 1990. p. 275).

Com a celebração deste domingo, abre-se a Semana Santa decisiva para Cristo e para nossa salvação. A Paixão vai se aproximando e Jesus não pode mais voltar atrás, porque ele está realizando a vontade do Pai. A cruz, no entanto, não será o último acontecimento na história da salvação: o Filho do Homem deve sofrer muito, ser rejeitado pelos anciãos, pelos chefes dos sacerdotes e pelos escribas, ser morto e, depois de três dias, ressuscitar (cf. Mc 8,31). Somente a ressurreição pode dar pleno sentido à vida de Cristo; somente ela dará sentido à nossa fé e ao seguimento de Jesus.

Rezando com a Igreja

Salmo 47

Povos todos do universo, batei palmas,
gritai a Deus aclamações de alegria!

Povos todos do universo, batei palmas,
gritai a Deus aclamações de alegria!
Porque sublime é o Senhor, o Deus altíssimo,
o soberano que domina toda a terra.

Os povos sujeitou ao nosso jugo,
e colocou muitas nações aos nossos pés.
Foi ele que escolheu a nossa herança,
a glória de Jacó, seu bem-amado.

Por entre aclamações Deus se elevou,
o Senhor subiu ao toque da trombeta.
Salmodiai ao nosso Deus ao som da harpa,
salmodiai ao som da harpa ao nosso Rei!

Porque Deus é o grande Rei de toda a terra,
ao som da harpa acompanhai os seus louvores!
Deus reina sobre todas as nações,
está sentado no seu trono glorioso.

Os chefes das nações se reuniram
com o povo do Deus santo de Abraão,
pois só Deus é realmente o Altíssimo,
e os poderosos desta terra lhe pertencem!

Deixa-a! Ela fez isto em vista do dia da minha sepultura
(Jo 12,7)

Segunda-feira Santa

O cântico de Isaías põe em evidência o sofrimento do Servo de Iahweh. Ele não levanta a voz pelas ruas, não acaba de quebrar a cana rachada, nem apaga o pavio que ainda fumega. Mantendo-se firme e forte, o servo promoverá a verdade; manter-se-á intrépido na provação da justiça, defendendo a aliança do povo com o Senhor. O Servo dará visão aos cegos; aos cativos, a liberdade; e aos que se mantêm escravos das trevas, a liberdade verdadeira (cf. Is 42,1-7).

A liturgia reconhece neste cântico a voz de Cristo crucificado que, durante a Paixão, implora com toda a confiança a intervenção do Pai. Em Cristo crucificado, o cristão também encontra o sentido para seus males e seus sofrimentos. O cristão é incorporado a Cristo pelo seu batismo. Como Cristo, fomos ungidos no batismo, que nos incorporou na sua morte e ressurreição. A Páscoa aproxima-se, e na vigília pascal renovaremos a nossa fé e as promessas batismais, pois na fé e no batismo tem origem a identidade cristã. O batismo é o início de um caminho que só termina na casa do Pai.

O evangelho de João descreve os últimos momentos de Jesus com seus amigos e discípulos, na casa de Lázaro, Maria e Marta (cf. Jo 12,1-11). Junto aos que o amam, Jesus encontra momentos de paz e conforto e concentra forças para a semana decisiva. As noites de Jesus, ele as passa em comunhão com o Pai, no ardor do Espírito. Quando tudo nos convida à solidão, voltemos para o Pai, peçamos seu divino Espírito. Sem o conforto de Deus, nossas angústias sufocam a alegria de viver e lutar pelo Senhor. Jamais temos tanta necessidade da graça divina e do aconchego do Pai, como quando ele nos parece distante.

A salvação não é obra nossa, ainda que devamos estar abertos à graça de Deus (cf. 1Cor 3,9). Nada merecemos diante de Deus. O dom divino é absolutamente gratuito. O mistério do amor de Deus nos liberta de toda iniqüidade. Em Cristo, a natureza humana foi assumida, sem ter sido destruída. Jesus Cristo, Filho de Deus vivo, se tornou a nossa reconciliação junto do Pai. A Igreja não cessa jamais de reviver a morte de Cristo na cruz e sua ressurreição; elas constituem a revelação central da própria vida da Igreja.

> A tarefa fundamental da Igreja de todos os tempos, e de modo particular do nosso, é a de dirigir o olhar do ser humano e endereçar a consciência e a experiência de toda a humanidade para o mistério de Cristo, além de ajudar todos os seres humanos a ter familiaridade com a profundidade da redenção que se realiza em Cristo Jesus (cf. JOÃO PAULO II. Carta encíclica *O redentor do homem*, n. 10).

A celebração da Paixão nos assegura que, em nossos sofrimentos, não estamos sós: o Senhor Jesus nos acompanha como invisível Cireneu e nos ajuda a carregar a cruz do dia-a-dia. Ainda que, por vezes, nos sintamos sós, ele permanece sempre ao nosso lado, nos encorajando e fortalecendo. A Paixão de Jesus nos aproxima mais dele, porque aí, mais do que em qualquer outro momento, Jesus deixa transparecer sua humanidade. A Semana Santa nos conduz no mistério do Servo de Iahweh, que entrega sua vida como oferta pela nossa salvação.

Rezando com a Igreja

Hino da Semana Santa

Cantem meus lábios a luta
que sobre a cruz se travou,
cantem o nobre triunfo
que no madeiro alcançou
o Redentor do Universo,
quando por nós se imolou.

O Criador teve pena
do primeiro casal,
que foi ferido de morte,
comendo o fruto fatal,
e marcou logo outra árvore,
para curar-nos do mal.

Tal ordem foi exigida
na obra da salvação;
cai o inimigo no laço
de sua própria invenção.
Do próprio lenho da morte
Deus fez nascer redenção.

Na plenitude dos tempos,
a hora santa chegou
e, pelo Pai enviado,
nasceu do mundo o autor,
e duma Virgem no seio
a nossa carne tomou.

Seis lustros tendo passado,
cumpriu a sua missão.
Só para ela nascido,
livre se entrega à Paixão.
Na cruz se eleva o Cordeiro,
como perfeita oblação.

Glória e poder à Trindade,
ao Pai, ao Filho louvor.
Honra ao Espírito Santo.
Eterna glória ao Senhor,
que nos salvou pela graça
e nos remiu pelo amor.

Eu te farei luz das nações!
(Is 49,6)

Terça-feira Santa

Em vários momentos do Ano Litúrgico, a liturgia celebra Cristo, luz que dissolve as trevas do pecado. Na celebração do Natal, lê-se a profecia de Isaías: "O povo que andava na escuridão viu uma grande luz; para os que habitavam nas sombras da morte, uma luz resplandeceu" (cf. Is 9,1).

Na Escritura do Antigo Testamento, com freqüência se retoma o simbolismo da luz para indicar a presença de Deus, ou para anunciar os tempos messiânicos. Os salmos, por exemplo, cantam louvores ao Senhor, que é luz e salvação do povo eleito (cf. Sl 27,1). O Senhor Deus será nossa luz (cf. Sl 118,27). A palavra do Senhor é lâmpada para nossos passos e luz em nosso caminho (cf. Sl 118,105). A luz do Senhor é doce e agradável aos olhos como o sol (cf. Ecl 11,7). O profeta Isaías, ao fazer referência à chegada do Messias, afirma:

> Eu, o Senhor, te chamei para a justiça e te tomei pela mão. Eu te formei e te encarreguei de seres a aliança do meu povo e a luz das nações, para abrires os olhos aos cegos, tirares do cárcere os prisioneiros, da masmorra os que estão na prisão escura (cf. Is 42,6).

No Novo Testamento, o velho Simeão se alegra em Deus porque seus olhos viram a salvação preparada para todos os povos, luz para iluminar as nações e guia de Israel, seu povo (cf. Lc 2,30-32). A comunidade de João evangelista, no prólogo do quarto evangelho, anuncia que Jesus Cristo, o Verbo de Deus encarnado, é luz que brilha nas trevas. O mundo, no entanto, não quis conhecê-lo (cf. Jo 1,10). João Batista confirma que ele não é a luz, mas veio para dar testemunho da luz, Jesus Cristo (cf. Jo 1,8-9). O próprio Jesus se apresenta: "Eu sou a luz do mundo" (cf. Jo 8,12) e indica que também nós o devamos ser (cf. Mt 5,14). Paulo, na

Carta aos Tessalonicenses, insiste que vivamos como filhos da luz (cf. 1Ts 5,3).

Por ocasião da Festa da Apresentação do Senhor, no dia 2 de fevereiro, a procissão com velas acesas lembra, primeiramente, Cristo, luz dos povos, que brilha para todos os seres humanos, e também nossa peregrinação por este mundo, seguindo as pegadas de Cristo. Santo Sofrônio lembra:

> Chegou a verdadeira luz, que, vindo ao mundo, ilumina todo ser humano. Portanto, irmãos, deixemos que ela nos ilumine, que brilhe sobre todos nós. Que ninguém fique excluído deste esplendor, nem insista em continuar mergulhado na noite. Mas avancemos todos resplandecentes, iluminados por este fulgor; vamos todos ao seu encontro e com o velho Simeão recebamos luz clara e eterna. Associemo-nos à sua alegria e cantemos com ele um hino de ação de graças ao Criador e Pai da luz, que enviou a luz verdadeira e, afastando todas as trevas, nos fez participantes do seu esplendor (cf. *Ofício das Leituras.* Festa da Apresentação do Senhor, p. 1.237).

Rezando com a Igreja

Vésperas da Terça-feira Santa

Santificai, Senhor, o povo
que remistes com vosso sangue!

Adoremos o Salvador do gênero humano, que morrendo destruiu a morte, ressuscitando renovou a vida; e peçamos confiantes: Jesus, nosso Redentor, concedei que pela penitência nos associemos cada vez mais plenamente à vossa Paixão, a fim de alcançarmos a glória da ressurreição. Rezemos.

Acolhei-nos sob a proteção de Maria, vossa Mãe, consoladora dos aflitos, para podermos confortar os tristes com o auxílio que de vós recebemos. Rezemos.

Concedei aos vossos fiéis a graça de tomar parte na vossa Paixão por meio dos sofrimentos da vida, para que também neles se manifeste a vossa salvação. Rezemos.

Senhor Jesus, que vos humilhastes na obediência até a morte, e morte de cruz, ensinai-nos a ser obedientes e a sofrer com paciência. Rezemos.

Tornai os corpos dos nossos irmãos e irmãs falecidos semelhantes à imagem do vosso corpo glorioso, e fazei-nos dignos de participar um dia, com eles, da vossa glória. Rezemos.

Pai nosso...

Deus eterno e todo-poderoso, dai-nos celebrar de tal modo o mistério da Paixão do Senhor que possamos alcançar vosso perdão. Por nosso Senhor Jesus Cristo, vosso Filho, na unidade do Espírito Santo. Amém!

Um de vós me entregará!
(Jo 13,21)

Quarta-feira Santa

A liturgia da Quarta-feira Santa põe em evidência a traição de Judas. A infidelidade revela duplo elemento da personalidade: pode nascer da ingratidão, do rancor, da aversão e da inveja. A falta de gratidão é mais dolorosa quando provém de uma pessoa que sempre gozou da nossa amizade, fez parte do círculo dos amigos íntimos, no qual depositávamos absoluta confiança. No jardim das Oliveiras, quando Judas beijou o Mestre, mesmo traído, Jesus o chamou de amigo (cf. Mt 26,50). Trair a amizade é pisar os valores fundamentais do ser humano.

Já a traição de Pedro é fruto não propriamente de uma infidelidade, mas sim da fraqueza humana. Pedro sempre esteve do lado de Jesus. Em momento algum lhe passou pela cabeça trair o Mestre. Pedro confiou demais em suas forças, em sua capacidade de resolver os problemas adversos. Por ocasião da prisão de Jesus no jardim das Oliveiras, Pedro arrancou da espada para defender Jesus e por ele foi impedido de fazê-lo (cf. Jo 18,10-11). Como manifestava seu amor por Jesus de modo espontâneo, da mesma forma Pedro tomava atitudes descabidas.

O evangelista João não poupa referências negativas a Judas. Na casa de Simão, o leproso, quando uma mulher derrama perfume nos pés de Jesus e os enxuga com seus cabelos, Judas recrimina sua atitude e o desperdício de dinheiro, que bem podia ter sido dado aos pobres. João lembra que Judas não tinha absolutamente amor aos pobres, mas, porque cuidava da bolsa e do dinheiro, roubava tudo o que nela fosse depositado (cf. Jo 12,6). Judas não tem escrúpulos: vende seu Mestre por trinta moedas de prata (cf. Mt 26,14-16).

Ninguém pode ter, humanamente falando, certeza de manter total fidelidade a Deus. A perseverança do bem é, acima de tudo, dom divino. Precisamos pedi-lo. A salvação é, em primeiro lugar, obra do amor de Deus; sem ele nada poderemos fazer (cf. Jo 15,5).

> A graça de Cristo é o dom que Deus nos faz de sua vida infundida pelo Espírito Santo, em nossa alma, para curá-la do pecado e santificá-la; trata-se da graça santificante ou deificante, recebida no batismo. Em nós, ela é fonte da obra santificadora (*Catecismo da Igreja Católica*, n. 1999).

Ainda que devamos colaborar com a graça divina, acolhendo-a da melhor maneira possível, Deus é inteiramente livre e soberano para no-la conceder.

O verdadeiro discípulo de Cristo não se preocupa apenas em não trair o Mestre; procura amá-lo com toda a intensidade, entrar em profunda comunhão com ele. A iniciativa é sempre de Deus. Diante dele, sempre teremos lábios impuros (cf. Is 6,5). Lá, onde Deus se manifesta, sempre será um lugar em que se deve tirar as sandálias (cf. Ex 3,5-6). Com Pedro, é necessário que nos reconheçamos pecadores (cf. Lc 5,8). Deus é maior do que nosso coração e conhece todas as coisas (cf. 1Jo 3,19-20). O mérito do ser humano diante de Deus provém da decisão divina de tornar o ser humano participante de sua graça (cf. *Catecismo da Igreja Católica*, n. 2008).

Rezando com a Igreja

Salmo 71

Minha boca anunciará vossa justiça.

Eu procuro meu refúgio em vós, Senhor:
que eu não seja envergonhado para sempre!
Porque sois justo, defendei-me e libertai-me!

Escutai minha voz, vinde salvar-me!
Sede uma rocha protetora para mim,
um abrigo bem seguro que me salve!
Porque sois a minha força e meu amparo,
meu refúgio, proteção e segurança!
Libertai-me, ó meu Deus, das mãos do ímpio.

Porque sois, ó Senhor Deus, minha esperança,
em vós confio desde a minha juventude!
Sois meu apoio desde antes que eu nascesse,
desde o seio maternal, o meu amparo.

Minha boca anunciará todos os dias
vossa justiça e vossas graças incontáveis.
Vós me ensinastes desde a minha juventude,
e até hoje canto as vossas maravilhas.

Tríduo Pascal

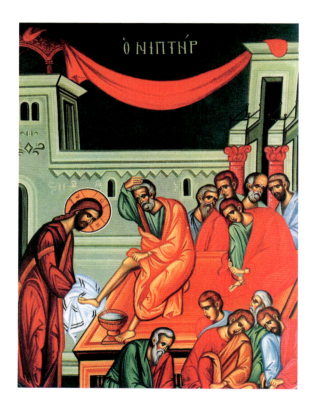

*Quem é o mais importante?
É o que está sentado à mesa para comer ou
o que está servindo? Claro que é o que está sentado à mesa.
Mas, entre vocês, eu sou como aquele que serve.*
(Lc 22,27)

Amou-os até o fim
(Jo 13,1)

Quinta-feira Santa

O tríduo pascal se inicia com a celebração da ceia do Senhor, na tarde de Quinta-feira Santa. Pela manhã, no entanto, celebra-se a missa do crisma, reunindo o bispo e seu presbitério para reassumirem as promessas feitas por ocasião de sua ordenação; dessa forma, manifestam a unidade do sacerdócio ministerial no único e insubstituível sacerdócio de Jesus Cristo. O bispo abençoa, também, os óleos dos catecúmenos, dos enfermos e do crisma. Jesus Cristo fez de todos nós cristãos um reino de sacerdotes, profetas e servidores.

> Quanto a nós, temos um sumo sacerdote eminente, que atravessou os céus: Jesus Cristo, o Filho de Deus. Por isso permaneçamos firmes na profissão de fé. De fato, não temos um sumo sacerdote incapaz de se compadecer de nossas fraquezas, pois ele mesmo foi provado em tudo, à nossa semelhança, sem, todavia, pecar. Aproximemo-nos, então, seguros e confiantes, do trono da graça, para conseguirmos misericórdia e alcançarmos a graça do auxílio no momento oportuno (cf. Hb 4,14-16).

O Concílio Vaticano II retoma e aprofunda a realidade e o sentido do sacerdócio ministerial na comunidade eclesial (cf. *Lumen gentium*, n. 28).

> O tríduo pascal evidencia a união inseparável que existe entre a teologia da cruz e a teologia da glória, como se representa visivelmente em Jesus ressuscitado, mostrando aos seus discípulos os sinais da cruz no seu corpo glorioso. Hoje, celebramos a instituição da eucaristia por Jesus na ceia de despedida dos seus discípulos, na véspera de sua Paixão. Tarde cheia de recordações, palavras de despedida, sinais sacramentais e gestos de profundo sabor fraterno (cf. B. CABALLERO. *A palavra de cada dia*. São Paulo, Paulus, 2000. p. 169).

As leituras lembram as várias dimensões do sacerdócio de Cristo. Isaías põe em evidência a ação do Espírito de Deus sobre o Messias (cf. Is 61,1-3). O livro do Apocalipse, por sua vez, projeta no futuro a glorificação universal do Messias (cf. Ap 1,8). O Evangelho faz referência ao ensinamento de Jesus na sinagoga de Nazaré, onde ele se apresenta como o Salvador de todos os seres humanos (cf. Lc 4,16-21).

Na missa vespertina da ceia do Senhor, a liturgia lembra a instituição da sagrada eucaristia e o anúncio do novo mandamento. Assim como o pão se torna um com aquele que o come, e o vinho com aquele que o toma, da mesma forma Cristo se faz um conosco na eucaristia. Não há ninguém que não seja assumido por ele. Na Primeira Carta aos Coríntios, Paulo afirma ter recebido do Senhor a instituição da sagrada ceia e conclui: "Todas as vezes que comerdes deste pão e beberdes deste cálice, anunciareis a morte do Senhor, até que ele venha" (cf. 1Cor 11,26).

O gesto do lava-pés se insere nesse contexto eucarístico.

> Há dois gestos na ceia do Senhor que apontam o amor fraterno: o lava-pés dos apóstolos, por Jesus, e a mesa comum em que se toma, eucaristicamente e pela primeira vez, o seu corpo e o seu sangue. Ambos os gestos são expressão de serviço, amor e entrega por parte de Cristo e convite para que nós façamos o mesmo, pois a ambos aplica Jesus o mandato de os repetir em sua memória e a exemplo seu (cf. B. CABALLERO. *A palavra de cada dia*. São Paulo, Paulus, 2000. p. 170).

O amor de Jesus não fica apenas em palavras, em promessas: ele se entregou inteiramente no mistério do pão e do vinho consagrados e a todos amou até o fim (cf. Jo 13,1). Em Cristo, todo gesto de amor torna-se sacramento. Por isso não é casual o fato de Jesus inserir na sagrada ceia o lava-pés. O mesmo Jesus que se ajoelhou para lavar os pés dos discípulos, assumindo uma atitude de escravo, é o que se entregou pela nossa salvação. Ele nos ensina que não há verdadeira eucaristia onde não se vive o amor fraterno. A celebração da eucaristia não é uma reunião qualquer. Aos irmãos reunidos em nome do Senhor Jesus, ele mesmo está presente e lhes oferece seu corpo e seu sangue, como alimento de vida eterna. Na eucaristia, Jesus atualiza, permanentemente, o lava-pés e se coloca a serviço da nossa salvação.

Rezando com a Igreja

Salmo 116

*O cálice por nós abençoado
é a nossa comunhão com o sangue do Senhor!*

Que poderei retribuir ao Senhor Deus
por tudo aquilo que ele fez em meu favor?
Elevo o cálice da salvação,
invocando o nome santo do Senhor.

É sentida por demais pelo Senhor
a morte de seus santos, seus amigos.
Eis que sou o vosso servo, ó Senhor,
mas me quebrastes os grilhões da escravidão!

Por isso oferto um sacrifício de louvor,
invocando o nome santo do Senhor.
Vou cumprir minhas promessas ao Senhor
na presença de seu povo reunido.

Rezando com a Igreja

Onde há o amor e a caridade, Deus aí está!

Congregou-nos num só corpo o amor de Cristo;
exultemos, pois, e nele jubilemos.
Ao Deus vivo nós temamos, mas amemos;
e sinceros, uns aos outros, nos amemos.

Todos juntos num só corpo, congregados,
pela mente não sejamos separados.
Cessem lutas, cessem rixas, dissensões,
mas esteja em nosso meio Cristo Deus!

Junto, um dia, com os eleitos nós vejamos
vossa face gloriosa que adoramos.
Alegria que é imensa e enche os céus:
ver por toda a eternidade Cristo Deus.

Crucifixão

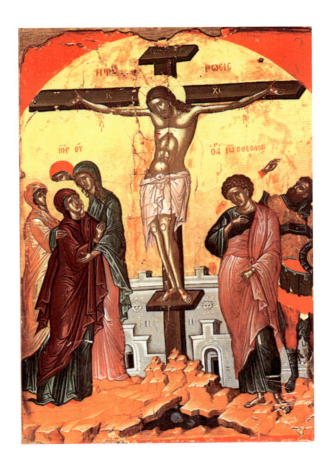

Ele foi humilde e obedeceu a Deus até a morte
— morte na cruz.
(Fl 2,8)

Tudo está consumado
(Jo 18,30)

Sexta-feira Santa

A sagrada liturgia da Sexta-feira Santa consta de quatro momentos: inicia com a leitura da Palavra de Deus, a leitura da Paixão e a homilia. Segue a solene oração universal. Em terceiro lugar, a comunidade realiza o rito da adoração de Jesus crucificado. Por último, a celebração se encerra com a sagrada comunhão e a bênção final.

A liturgia da Palavra se abre com a profecia de Isaías sobre o Servo de Iahweh desfigurado, sem beleza nem atrativo para os olhos, desprezado como o último dos mortais. No entanto estava carregando nossos pecados e enfermidades, tornando justos inúmeros seres humanos. Contado como um malfeitor, ele, na verdade, resgatava os pecados de todos e intercedia em favor dos pecadores (cf. Is 52,13–53,12).

> Jesus, não obstante, aceita o plano do Pai. "Não se faça a minha vontade, mas a tua." Este é o motivo e a razão da obediência de Cristo: o querer do Pai que é a salvação do ser humano pelo amor que lhe tem. Jesus carrega a cruz da sua Paixão por fidelidade ao Pai e por amor ao ser humano, isto é, por solidariedade com seus irmãos. O motivo parece duplo, mas no fundo é único, porque a vontade do Pai é o amor e a salvação do ser humano (cf. B. CABALLERO. *A palavra de cada dia*. São Paulo, Paulus, 2000. p. 171).

São Cirilo de Alexandria comenta:

> O Senhor foi crucificado por todos e por causa de todos, a fim de que, tendo um morrido por todos, vivamos todos nele. Não seria possível que a vida permanecesse sujeita à morte ou sucumbisse à corrupção natural. Sabemos pelas próprias palavras de Cristo que ele ofereceu sua carne pela vida do mundo: *Eu me consagro por eles* (cf. *Comentário sobre o evangelho de são João*. Ofício das Leituras. Liturgia das Horas, sábado da terceira semana do Tempo Pascal).

A morte de Jesus está cercada de profundo mistério. Ele morre no momento em que, no templo, se imolavam os cordeiros destinados à celebração da Páscoa (cf. Jo 19,31). A imolação é real, verdadeiro sacrifício oferecido uma vez por todas. Não lhe quebraram osso algum (cf. Ex 12,46). Do seu lado traspassado jorra o sangue com o qual são misteriosamente marcados os membros do novo Povo de Deus, aqueles que Deus salva (cf. Ex 12,7-13). O autor da Carta aos Hebreus convida-nos a nos aproximar do trono da graça, pois temos em Cristo um sumo sacerdote eminente que se compadece de todos nós, uma vez que superou todas as nossas fraquezas. Com forte clamor e lágrimas, suplica por nós ao Pai (cf. Hb 4,14-16; 5,7-9).

> Portanto, de modo algum devemos envergonhar-nos da morte de nosso Deus e Senhor; pelo contrário, nele devemos confiar e gloriar-nos acima de tudo; tomando sobre si a morte que em nós encontrou, garantiu com total fidelidade dar-nos a vida que não podíamos obter por nós mesmos (cf. SANTO AGOSTINHO. *Segunda-feira Santa*. Liturgia das Horas, pp. 376-377).

O mistério da cruz, na vida de Jesus e também na nossa, somente pode ser compreendido a partir do amor. "De fato, Deus amou tanto o mundo que deu o seu Filho único, para que todo o que nele crer não pereça, mas tenha a vida eterna" (cf. Jo 3,16).

> Acreditamos e dizemos que a cruz é o sinal do cristão não por maniqueísmo espiritual, mas porque a cruz é fonte de vida e de libertação total, como sinal que é do amor de Deus ao ser humano por meio de Jesus Cristo. O amor que testemunha a sua cruz é a única força capaz de mudar o mundo, se nós que nos dizemos seus discípulos seguirmos o seu exemplo (cf. B. CABALLERO. *A palavra de cada dia*. São Paulo, Paulus, 2000. p. 172).

A árvore da cruz é preciosa e fonte de salvação. Ao contrário da árvore do paraíso, que gerou trevas e morte, a cruz difunde as trevas do pecado e vence a morte. Jesus Cristo fez dela um trono de glória:

> Sobre esta árvore, o Senhor, como valente guerreiro, ferido durante o combate em suas mãos, nos pés e em seu lado divino, curou as chagas dos nossos pecados, isto é, curou nossa natureza ferida pela serpente venenosa. Se antes, pela árvore, fomos mortos, agora, pela árvore, recuperamos a vida; se antes, pela árvore, fomos enganados, agora, pela árvore, repelimos a astúcia da serpente.

Sem dúvida, novas e extraordinárias mudanças! Em vez da morte, nos é dada a vida; em lugar da corrupção, a incorrupção; da vergonha, a glória (cf. São Teodoro Estudita. *Sermões*. Liturgia das Horas, Ofício das Leituras, Sexta-feira da segunda semana do Tempo Pascal, p. 610).

A história de Jesus Cristo, no entanto, não termina com sua morte na cruz: ele ressuscitou glorioso e continua a escrever, na história da Igreja, nas vicissitudes e nas vitórias do seu povo, a história da salvação presente no caminho rumo à vitória definitiva. Do seu lado aberto pela lança, jorram sangue e água, os sacramentos da Igreja, sua esposa bem-amada, que faz suas as alegrias e as esperanças, as tristezas e as angústias dos seres humanos de hoje, sobretudo dos pobres e de todos os que sofrem, porque tal é a missão dos discípulos de Cristo. Vitória, tu reinarás, ó cruz, tu nos salvarás!

Rezando com a Igreja

Solene oração universal

Oremos, irmãos e irmãs caríssimos, pela santa Igreja de Deus:
que o Senhor nosso Deus lhe dê a paz e a unidade,
que ele a proteja por toda a terra
e nos conceda uma vida calma e tranqüila,
para sua própria glória. Rezemos.

Oremos pelo nosso santo Padre, o papa **N**.
Que o Senhor nosso Deus, que o escolheu para o episcopado,
o conserve são e salvo à frente da sua Igreja,
governando o Povo de Deus. Rezemos.

Oremos pelo nosso bispo **N**.,
por todos os bispos, presbíteros e diáconos da Igreja,
por todo o povo fiel. Rezemos.

Oremos pelos catecúmenos:
que o Senhor nosso Deus abra seus corações
e as portas da misericórdia,
para que, tendo recebido nas águas do batismo
o perdão de todos os seus pecados,
sejam incorporados no Cristo Jesus. Rezemos.

Oremos por todos nossos irmãos e irmãs que crêem no Cristo,
para que o Senhor nosso Deus
se digne reunir e conservar na unidade da sua Igreja
todos os que vivem segundo a caridade. Rezemos.

Oremos pelos judeus,
aos quais o Senhor nosso Deus falou em primeiro lugar,
a fim de que cresçam na fidelidade de sua Aliança
e no amor do seu nome. Rezemos.

Oremos pelos que não crêem no Cristo,
para que, iluminados pelo Espírito Santo,
possam também ingressar no caminho da salvação. Rezemos.

Oremos pelos que não reconhecem a Deus,
para que, buscando lealmente o que é reto,
possam chegar ao Deus verdadeiro. Rezemos.

Oremos por todos os governantes:
que o nosso Deus e Senhor,
segundo sua vontade,
lhes dirija o espírito e o coração,
para que todos possam gozar de verdadeira paz e liberdade. Rezemos.

Oremos, irmãos e irmãs, a Deus Pai todo-poderoso,
para que livre o mundo de todo erro,
expulse as doenças e afugente a fome,
abra as prisões e liberte os cativos,
vele pela segurança dos viajantes e transeuntes,
repatrie os exilados,
dê saúde aos doentes
e salvação aos que agonizam. Rezemos.

Cantando com a Igreja

Vitória! Tu reinarás!
Ó cruz, tu nos salvarás!

Brilhando sobre o mundo que vive em tua luz,
tu és o sol fecundo de amor e de paz, ó cruz!

Aumenta a confiança do pobre, do pecador,
confirma nossa esperança na marcha para o Senhor.

À sombra dos teus braços a Igreja viverá,
por ti no eterno abraço o Pai nos acolherá!

Ressurreição

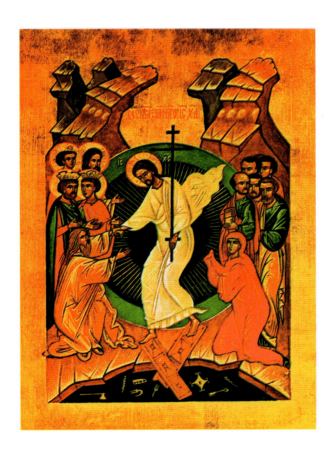

*Porque nossa Festa da Páscoa está pronta,
agora que Cristo, nosso Cordeiro da Páscoa,
já foi oferecido em sacrifício.*
(1Cor 5,7)

Não vais deixar que teu santo experimente a corrupção
(Sl 16,10)

Sábado Santo

A celebração do Sábado Santo tem dois momentos diferentes: em primeiro lugar, é dia de luto sagrado pela morte de Cristo. Jesus entra no seu repouso; um grande silêncio reina sobre a terra. O Rei está dormindo. Feito homem para nossa salvação, ele dorme o sono dos justos. O Sábado Santo é dia de contemplar o mistério central da nossa salvação. A Igreja se recolhe em oração, confiante que o Senhor ressuscitará. À noite, num segundo momento celebrativo, tem lugar a solene vigília pascal, que anuncia a Ressurreição do Senhor.

O autor da Carta aos Hebreus nos convida a entrar no repouso sagrado. A nós que vivemos em Cristo, é oferecida a oportunidade de tomar parte no repouso de Deus. Canta o salmista: "Feliz o ser humano a quem educas, Senhor, e que instruis pela tua lei, para dar-lhe o repouso nos dias maus" (cf. Sl 94,12-13). Não tenhamos um coração duro e transviado, que desconheça os caminhos do Senhor; a quem assim age, Deus jurou em sua ira: "Não entrarão no repouso prometido" (cf. Sl 95,11). Fiquemos atentos, portanto, para não perdermos a ocasião de entrar nesse repouso.

Celebrar a Páscoa é, pois, passar da morte para a vida. Essa passagem teve início por ocasião do nosso batismo e se estende por toda a vida.

> Acaso ignorais que todos nós, batizados no Cristo Jesus, é na sua morte que fomos batizados? Pelo batismo fomos sepultados com ele em sua morte, para que, como Cristo foi ressuscitado dos mortos pela ação gloriosa do Pai, assim também nós vivamos uma vida nova... Na cruz de Cristo crucificamos o homem velho, e nos revestimos do homem novo (cf. Rm 6,3-4.6).

A vigília pascal começou a ser celebrada, na Igreja Romana, em meados do século II, e reúne uma série de símbolos: a bênção do fogo novo (século IX); a procissão que acompanha a entrada do círio pascal (século V). As velas acendidas no círio simbolizam a participação na Ressurreição de Cristo, luz do mundo, e surgiram no século XII. Após a chegada do círio no presbitério, canta-se o solene hino de exaltação a Cristo Ressuscitado, o precônio pascal. Tal rito teve início no século IV. Após as leituras, que trazem à nossa meditação os grandes momentos da história da salvação, procede-se à bênção da água para uso cotidiano dos fiéis (século V), e da fonte batismal, cuja água é utilizada nos batismos (século II).

A celebração da vigília, no seu conjunto, põe em evidência a vida nova inaugurada por Cristo em sua ressurreição, fundamento de toda a vida cristã. Assim como as trevas no recinto da igreja são vencidas pela luz do círio, as trevas do pecado são vencidas por Cristo ressuscitado, luz do mundo. Essa vitória de Cristo sobre o pecado e a morte não dispensa nossa colaboração com a graça divina.

> A Páscoa cristã é o dia em que atuou o Senhor, é a festa da fé e da vida imortal, é o triunfo da causa de Jesus, é a salvação do ser humano, é o grande êxodo da escravidão do pecado e o começo da grande marcha de libertação da humanidade, que com Cristo caminha na esperança presente e futura. Por tudo isso, e por ser a vitória definitiva sobre a morte, a Páscoa é a grande festa da vida para todo o que crê em Cristo Ressuscitado (cf. B. CABALLERO. *A palavra de cada dia*. São Paulo, Paulus, 2000. p. 174).

A liturgia desta noite santa é um permanente convite à conversão e à mudança de mentalidade. É preciso abandonar tudo o que nos possa afastar da vida nova em Cristo e abraçar tudo o que nos leve a viver segundo o espírito (cf. Rm 8,9).

Rezando com a Igreja

Precônio pascal

Exulte o céu, e os anjos triunfantes,
mensageiros de Deus, desçam cantando;
façam soar trombetas fulgurantes,
a vitória de um Rei anunciando.

Alegre-se também a terra amiga,
que em meio a tantas luzes resplandece;
e vendo dissipar-se a treva antiga,
ao sol do eterno Rei brilha e se aquece.

Que a mãe Igreja alegre-se igualmente,
erguendo as velas deste fogo novo,
e escutem reboando, de repente,
o Aleluia cantado pelo povo.

Sim, verdadeiramente é bom e justo
cantar ao Pai de todo o coração,
e celebrar seu Filho, Jesus Cristo,
tornado para nós um novo Adão.

Foi ele quem pagou do outro a culpa,
quando por nós à morte se entregou:
para apagar o antigo documento
na cruz todo o seu sangue derramou.

Pois eis agora a Páscoa, nossa festa,
em que o real Cordeiro se imolou:
marcando nossas portas, nossas almas,
com seu divino sangue nos salvou.

Esta é, Senhor, a noite em que do Egito
retirastes os filhos de Israel,
transpondo o mar Vermelho a pé enxuto,
rumo à terra onde correm leite e mel.

Ó noite em que a coluna luminosa
as trevas do pecado dissipou,
e aos que crêem no Cristo em toda a terra
em novo povo eleito congregou!

Ó noite em que Cristo rompeu o inferno,
ao ressurgir da morte vencedor:
de que nos valeria ter nascido,
se não nos resgatasse em seu amor?

Ó Deus, quão estupenda caridade
vemos no vosso gesto fulgurar:
não hesitais em dar o próprio Filho,
para a culpa dos servos resgatar.

Ó pecado de Adão indispensável,
pois o Cristo o dissolve em seu amor;
ó culpa tão feliz que há merecido
a graça de um tão grande Redentor!

Pois esta noite lava todo crime,
liberta o pecador dos seus grilhões,
dissipa o ódio e dobra os poderosos,
enche de luz e paz os corações.

Ó noite de alegria verdadeira,
que prostra o faraó e ergue os hebreus,
que une de novo ao céu a terra inteira,
pondo na treva humana a luz de Deus.

Na graça desta noite o vosso povo
acende um sacrifício de louvor;
acolhei, ó Pai santo, o fogo novo,
não perde, ao diluir-se, o seu fulgor.

Cera virgem de abelha generosa
ao Cristo ressurgido trouxe a luz:
eis de novo a coluna luminosa,
que o vosso povo para o céu conduz.

O círio que acendeu nossas velas
possa esta noite toda fulgurar;
misture sua luz à das estrelas,
cintile, quando o dia despontar.

Que ele possa agradar-vos como o Filho,
que triunfou da morte e vence o mal:
Deus, que a todos acende no seu brilho,
e um dia voltará, sol triunfal. Amém!

Conclusão

O caminho que conduz à ressurreição passa, necessariamente, pelo sofrimento e pela morte. O próprio Cristo no-lo afirmou: "Quem não toma sua cruz e não me segue não é digno de mim. Quem busca sua vida a perderá, e quem perder sua vida por causa de mim a encontrará" (cf. Mt 10,38-39).

A decisão de Jesus de entregar sua vida pela salvação da humanidade somente pode ser compreendida à luz da fé. Ele nos amou até não mais poder. A cruz será sempre um sinal de contradição, um mistério do amor divino; fora dessa perspectiva, a cruz não tem sentido. Afirma Paulo:

> Nós proclamamos Cristo crucificado, escândalo para os judeus, loucura para os pagãos. Mas para os que são chamados, tanto judeus como pagãos, Cristo é poder de Deus e sabedoria de Deus. Pois o que é loucura de Deus é mais sábio do que os homens, e o que é fraqueza de Deus é mais forte do que os homens (cf. 1Cor 1,23-25).

No início da Quaresma, pedíamos a Deus a graça de viver bem este tempo de jejum e de penitência para que pudéssemos enfrentar o espírito do mal; transcorridos os dias da Paixão do Senhor, a Igreja se alegra com Cristo Ressuscitado:

> Ó Deus, por vosso Filho Unigênito, vencedor da morte, abristes hoje para nós as portas da eternidade; concedei que, celebrando a Ressurreição do Senhor, renovados pelo vosso Espírito, ressuscitemos na luz da vida nova (cf. *Solenidade da Páscoa*, oração do dia).

Agradeço sua amável companhia. Como os discípulos de Emaús, sentimos nosso coração abrasado, enquanto ele nos falava pelo caminho, e o reconhecemos ao partir do pão, cada vez que comungamos seu corpo e seu sangue na celebração eucarística. Ele está no meio de nós. Como o apóstolo João, podemos assegurar:

> O que era desde o princípio, o que ouvimos, o que vimos com nossos olhos, o que contemplamos e nossas mãos apalparam da Palavra da vida... isso que vimos e ouvimos, nós vos anunciamos, para que estejais em comunhão conosco (cf. 1Jo 1,1-3).

Obrigado, meu irmão! Obrigado, minha irmã. Voltemos para Jerusalém para confirmar: *nós* vimos o Senhor: *Ele ressuscitou!*

Sumário

Introdução 5

Início da Quaresma

Convertei-vos e crede no Evangelho (Mc 1,15)
    Quarta-feira de Cinzas 8

Hoje eu te proponho bênção e maldição (Dt 11,16)
    Quinta-feira depois das Cinzas 11

Acaso é este jejum que aprecio? (Is 58,6)
    Sexta-feira depois das Cinzas 14

Quando invocares, o Senhor te atenderá (Is 58,9)
    Sábado depois das Cinzas 17

Primeira semana da Quaresma

Não se vive somente de pão, mas de toda palavra que sai da boca de Deus (Mt 4,4)
    Ano A – Primeiro domingo da Quaresma 21

Completou-se o tempo, e o Reino de Deus está próximo. Convertei-vos e crede na Boa-Nova (Mc 1,15)
    Ano B – Primeiro domingo da Quaresma 24

Todo aquele que nele crer não passará vergonha (Rm 10,11)
    Ano C – Primeiro domingo da Quaresma 27

Eis o dia da salvação (2Cor 6,2)
    Primeira semana da Quaresma – Segunda-feira 30

Procurai Iahweh enquanto ele se deixa encontrar (Is 55,6)
    Primeira semana da Quaresma – Terça-feira 33

Aqui está quem é maior do que Jonas (Lc 11,32)
    Primeira semana da Quaresma – Quarta-feira 37

Não tenho outro defensor fora de ti, Senhor! (Est 4,17)
    Primeira semana da Quaresma – Quinta-feira............................... 40

Vai primeiro reconciliar-te com teu irmão (Mt 5,24)
    Primeira semana da Quaresma – Sexta-feira................................. 43

Sede perfeitos como vosso Pai celeste é perfeito (Mt 5,48)
    Primeira semana da Quaresma – Sábado 46

Segunda semana da Quaresma

Sai da tua terra, do meio dos teus parentes,
da casa de teu pai (Gn 12,1)
    Ano A – Segundo domingo da Quaresma..................................... 50

Deus não poupou o próprio Filho, mas o entregou
por todos nós (Rm 8,32)
    Ano B – Segundo domingo da Quaresma..................................... 53

Este é o meu Filho, o escolhido. Escutai o que ele diz (Lc 9,35)
    Ano C – Segundo domingo da Quaresma 56

Perdoai e sereis perdoados (Lc 6,37)
    Segunda semana da Quaresma – Segunda-feira............................ 59

Deixai de fazer o mal. Aprendei a fazer o bem (Is 1,16-17)
    Segunda semana da Quaresma – Terça-feira................................. 62

Quem quiser tornar-se grande, torne-se vosso servidor (Mt 20,26)
   Segunda semana da Quaresma – Quarta-feira 65

Bendito o ser humano que confia no Senhor (Jr 17,7)
   Segunda semana da Quaresma – Quinta-feira 68

Este é o herdeiro. Vinde, vamos matá-lo (Mt 21,38)
   Segunda semana da Quaresma – Sexta-feira 71

Teu irmão estava morto e tornou a viver (Lc 15,32)
   Segunda semana da Quaresma – Sábado 74

Terceira semana da Quaresma

Quem beber da água que darei, nunca mais terá sede (Jo 4,14)
   Ano A – Terceiro domingo da Quaresma 78

Cristo é poder de Deus e sabedoria de Deus (1Cor 1,24)
   Ano B – Terceiro domingo da Quaresma...................... 81

Quem julga estar de pé tome cuidado para não cair (1Cor 10,12)
   Ano C – Terceiro domingo da Quaresma 83

A minha alma tem sede do Deus vivo (Sl 42,3)
   Terceira semana da Quaresma – Segunda-feira 86

Se cada um não perdoar ao seu irmão,
o Pai não vos perdoará (Mt 18,35)
   Terceira semana da Quaresma – Terça-feira 89

Aquele que praticar os mandamentos, este será
considerado grande (Mt 5,19)
   Terceira semana da Quaresma – Quarta-feira 92

Quem não está comigo, está contra mim (Lc 11,23)
   Terceira semana da Quaresma – Quinta-feira............... 94

São retos os caminhos do Senhor (Os 14,10)
   Terceira semana da Quaresma – Sexta-feira 97

Quero amor e não sacrifícios (Os 6,6)
   Terceira semana da Quaresma – Sábado 100

Quarta semana da Quaresma

Eu sou a luz do mundo. Quem me segue não caminha nas trevas, mas terá a luz da vida (Jo 8,12)
    Ano A – Quarto domingo da Quaresma.................... 104

Saberás, pois, que o Senhor teu Deus é o único Senhor (Dt 7,9)
    Ano B – Quarto domingo da Quaresma.................... 107

Mas era preciso festejar e alegrar-nos, porque este teu irmão estava morto e tornou a viver, estava perdido e foi encontrado (Lc 15,32)
    Ano C – Quarto domingo da Quaresma 110

Vai, o teu filho vive (Jo 4,50)
    Quarta semana da Quaresma – Segunda-feira 113

A água corria do lado direito do templo (Ez 47,1)
    Quarta semana da Quaresma – Terça-feira 116

Não procuro fazer a minha vontade, mas a vontade daquele que me enviou (Jo 5,30)
    Quarta semana da Quaresma – Quarta-feira 119

Há alguém que vos acusa: Moisés, no qual colocais a vossa esperança (Jo 5,45)
    Quarta semana da Quaresma – Quinta-feira............... 122

Queriam prendê-lo, mas ainda não tinha chegado a sua hora (Jo 7,30)
    Quarta semana da Quaresma – Sexta-feira 125

Eu era como um manso cordeiro levado para o sacrifício (Jr 11,19)
    Quarta semana da Quaresma – Sábado...................... 128

Quinta semana da Quaresma

Eu sou a ressurreição e a vida (Jo 11,25-26)
    Ano A – Quinto domingo da Quaresma 132

Senhor, queremos ver Jesus (Jo 12,21)
    Ano B – Quinto domingo da Quaresma 136

Vai, e de agora em diante não peques mais (Jo 8,11)
    Ano C – Quinto domingo da Quaresma 139

Ninguém te condenou? Eu também não te condeno:
não peques mais (Jo 8,10-11)
    Quinta semana da Quaresma – Segunda-feira 142

Quando tiverdes elevado o Filho do Homem, então sabereis
quem eu sou (Jo 8,28)
    Quinta semana da Quaresma – Terça-feira 145

Se o Filho vos libertar, sereis verdadeiramente livres (Jo 8,36)
    Quinta semana da Quaresma – Quarta-feira 148

Vosso pai Abraão exultou por ver o meu dia (Jo 8,56)
    Quinta semana da Quaresma – Quinta-feira 151

O Senhor está ao meu lado, como forte guerreiro (Jr 20,11)
    Quinta semana da Quaresma – Sexta-feira 154

É melhor que um morra pelo povo (Jo 11,49)
    Quinta semana da Quaresma – Sábado 157

Semana Santa

Bendito o que vem em nome do Senhor (Mt 21,9)
    Domingo de Ramos 161

Deixa-a! Ela fez isto em vista do dia da minha sepultura (Jo 12,7)
    Segunda-feira Santa 164

Eu te farei luz das nações! (Is 49,6)
    Terça-feira Santa 168

Um de vós me entregará! (Jo 13,21)
    Quarta-feira Santa 171

Tríduo Pascal

Amou-os até o fim (Jo 13,1)
    Quinta-feira Santa 175

Crucifixão

Tudo está consumado (Jo 18,30)
    Sexta-feira Santa 180

Ressurreição

Não vais deixar que teu santo experimente a corrupção (Sl 16,10)
    Sábado Santo 186

Conclusão 191

Impresso na gráfica da
Pia Sociedade Filhas de São Paulo
Via Raposo Tavares, km 19,145
05577-300 - São Paulo, SP - Brasil - 2006